JN086872

À la page 2023

2023

– variétés françaises –

Yojiro ISHII ● Michel SAGAZ

Editions ASAHI

(Être) à la page : (être) au courant des nouveautés.

音声はこちら
https://text.asahipress.com/free/french/jijifutsu2023/

まえがき

　2010 年度から多くのクラスで使用されてきた *À la page* シリーズは，2020 年度から日本人著者が加藤晴久から石井洋二郎に交代しました．引き続きテキストを担当する Michel Sagaz とのコンビで，2023 年度版をお届けします．

　初級フランス語の学習を終えた人たちを対象に，フランスおよびフランス語圏のさまざまな話題を平易かつ明快な文章で提供するという，このシリーズの基本的なコンセプトは変わりません．本書でも政治，経済，歴史，社会，産業，文化，教育，芸術，スポーツ等々，多岐にわたるトピックがとりあげられていますので，学習者はフランス語の基礎を復習しながら，言葉の背景にある社会や文化の多様な広がりを自然に学べるようになっています．

(1) 各課のはじめには簡単な導入文がありますので，テキストに出てくる話題の文脈や背景を知るための参考にしてください．また，囲み記事ではその課に出てくる文法事項や慣用表現に関するメモを記してありますので，あらかじめ目を通しておけば，本文の理解の助けになるでしょう．

(2) 注は必要最小限にとどめてあります．語学学習にとって最も大切なのは自分で徹底的に辞書を引くことですから，ぜひその習慣をつけてほしいと思います．

(3) 各課の 4 ページ目には，各課の内容に即した練習問題があります．❶は単語の派生語に関する問題，❷は文法事項を踏まえた書き換え問題や穴埋め問題等，❸は要素を並べ替えて正しい文を作る問題，そして❹はテキストの趣旨が正しく理解できているかどうかを問う正誤問題です．いずれも本文に出てきた語彙や表現を応用して作ってありますので，随時テキストを参照しながら知識の定着をはかってください．

(4) この教科書にはフランス人がテキストを音読した CD が付いています．これを繰り返し聞いて，まずは耳からフランス語を理解する訓練をしてください．そして次に，CD を聞きながら音読し，自分の口でフランス語を発話する練習をしてください．こうしてテキストを文字通り「身につける」ことで，フランス語の力は格段に向上するはずです．

☞ この教科書のテキストは，さまざまな資料を参考にして，語彙や文法のレベルを考慮しながら書き下ろしたものであり，特定の出典はありません．

☞ 本文中，たとえば (3-5) とあるのは「3 課の注 5 を参照」，(*6) とあるのは「6課の〈読解のヒント〉を参照」という意味です．

> この教科書のテキストは旧来の綴り字で書かれていますが，フランス国民教育省は，2016 年，「新しい綴り字」la nouvelle orthographe を公布しました．巻末にはその概要を記しておきましたので，適宜参照してください．

目　次≫

写真提供クレジット一覧
時事通信フォト（p.1・表紙, p.21），写真：Roger-Viollet/ アフロ（p.9），写真：ロイター /
アフロ（p.17），Hans Lucas via AFP（p.29），写真：REX/ アフロ（p.37），提供：CCI/ ア
フロ（p.49），dpa/ 時事通信フォト（p.77），Shutterstock（p.5, p.13, p.25, p.33, p.41, p.45,
p.53, p.57, p.61, p.65, p.69, p.73）

La Ville Lumière

光の都市

クリスマスの時期にパリを訪れた人は，夜の街が華やかなイリュミネーションに包まれる幻想的な光景に，思わずため息をつかずにはいられないでしょう．特に 1980 年から始まったシャン＝ゼリゼ大通り Avenue des Champs-Élysées のそれは有名で，毎年多くのパリ市民や観光客を惹きつけてきました．年末年始だけでなく，パリでは普段でも夜間になるとさまざまな建物や記念物が照明で彩られますが，こうした慣習が生まれたのはさほど昔のことではありません．暗く危険だった首都が明るい「光の都市」へと変貌するまでには，照明技術の開発に携わった人たちのたゆまぬ努力と，その普及に至るさまざまな歴史的経緯があったのです．

‖‖読解のヒント‖‖

　「…世紀」を表す場合はローマ数字の序数（…番目の）を用います．たとえば18世紀はXVIIIᵉ siècleと書き，読み方はdix-huitième siècleです．紀元前は「イエス・キリスト以前」という意味でavant Jésus-Christ（しばしばav. J.-C.と略す）と言いますので，紀元前2世紀はIIᵉ siècle av. J.-C.となります．

1 » La Ville Lumière[1)]

Paris est réputée pour ses nombreuses illuminations : rues, ponts, vitrines de grands magasins ; mais aussi la tour Eiffel, le Louvre, l'Arc de Triomphe… La nuit, beaucoup de lieux, bâtiments et monuments de la capitale sont éclairés et Paris est
5 incroyablement belle. On l'appelle la « Ville Lumière ».

L'éclairage de Paris la nuit[2)] est relativement récent. Les premiers éclairages de monuments parisiens datent seulement du XIXe siècle. Et ils sont éclairés de façon continue depuis moins d'un siècle.

10 Également, avant le XVIIe siècle, il n'y avait pas d'éclairage dans les rues parisiennes. La nuit, il faisait noir, et c'était dangereux d'être dehors : on pouvait être volé ou tué par des bandits. On dit que Paris était un coupe-gorge[3)] et que la police elle-même avait peur de sortir…

15 Alors, quand Louis XIV arrive au pouvoir, il veut éclairer les rues la nuit pour améliorer la sécurité des habitants. C'est Gabriel Nicolas de La Reynie[4)], le premier lieutenant de police de l'histoire de France, qui s'occupe de cette mission. Des milliers de lanternes à bougies sont installées à Paris : c'est le
20 début de l'éclairage public.

1) **Ville Lumière** Paris という固有名詞の代わりに用いられる通称なので，頭文字が大文字で書かれている.
2) **la nuit** 前置詞なしで副詞句として用いられる. ここでは éclairage という名詞に含まれる動詞 éclairer を修飾していると考える.
3) **coupe-gorge** 文字通りには「喉を掻き切る」という意味から，「危険な場所」「伏魔殿」.
4) **Gabriel Nicolas de La Reynie** パリの初代警察代理官（1625－1709）. フランスの刑事警察の父と言われる.

2

Cet éclairage a évolué jusqu'à aujourd'hui en fonction des progrès de la science. Après l'éclairage à la bougie, il y a eu l'éclairage à l'huile. Puis, au début du XIXᵉ siècle, l'éclairage au gaz est inventé par un Français, Philippe Lebon[5]. Naturellement, on fait installer les premiers réverbères au gaz dans la capitale française. 25

Ensuite, en 1844, c'est à Paris qu'il y a les premiers essais d'éclairage électrique dans l'espace public. On commence vraiment à l'utiliser à la fin du XIXᵉ siècle. Mais l'électricité coûte cher, et c'est une technologie difficile à maîtriser. Alors, 30 en parallèle aux lanternes électriques, on continue à utiliser des lanternes au gaz ; les dernières[6] disparaissent dans les années 1960 seulement.

D'autres villes avant Paris ont été éclairées au gaz et à l'électricité. Alors, pourquoi ce surnom : Ville Lumière ? On ne 35 sait pas exactement. Une des hypothèses, c'est parce que Paris a été la première ville à être éclairée, à la bougie, en 1667.

---

5) **Philippe Lebon** フランスの技師・化学者（1767−1804）．ガス照明のほか，２ストロークガスエンジンなども考案した．

6) **les dernières** 並列されているものの「後者」「最後のもの」を指す．ここでは女性形になっているが，何を指しているか？

Exercices »

I 次の動詞に対応する名詞を書きなさい.

(1) inventer （　　　　　）　(2) commencer （　　　　　）

(3) maîtriser （　　　　　）　(4) disparaître （　　　　　）

II 次の各文を C'est ～で始めて下線部を強調する文に書き換えなさい.

(1) <u>Isaac Newton</u> a découvert la loi de l'attraction universelle.

→

(2) La Seconde Guerre mondiale a éclaté <u>en 1939</u>.

→

(3) On devient forgeron <u>en forgeant</u>.

→

III 次の要素を並べ替えて文を作りなさい（文頭に来るものも小文字で始めてあります. 平叙文では文末に point をつけること）.

(1) beaux / cette / est / paysages / pour / région / réputée / ses

(2) cette / de / directeur / le / mission / nouveau / s'occupera

IV 次のフランス語の文がテキストの内容に一致している場合は○を，一致していない場合は×を ［　］内に記入しなさい.

(1) C'est sous le règne de Louis XIV que des lanternes à bougies sont installées à Paris pour la première fois. ［　］

(2) L'éclairage électrique dans l'espace public n'existait pas avant la fin du XIXe siècle. ［　］

(3) On appelle Paris la « Ville Lumière » parce que c'est la première ville à être éclairée au gaz et à l'électricité. ［　］

2 deux

≫ La génération Z

Z世代

最近はだいたい 25 歳以下の若い人たちを指して「Z 世代」という言い方がされるようになりました．この世代は生まれたときからインターネットが当たり前の環境に育ったため，いわゆる SNS（social networking service，フランス語では réseaux sociaux）を通して情報を得ることがほとんどで，新聞やテレビといった昔ながらのメディアからは離れつつあると言われています．確かに大学の教室で聞いてみても，普段から新聞を読んでいると答えた学生はほとんどいませんでした．しかしその一方，新型コロナウイルスによって学生生活に大きな影響を受けたこともあり，環境問題を始めとする社会問題への関心が比較的強いのもこの世代の特徴です．

▌▌▌ 読解のヒント ▌▌▌

concept と conception は同じ concevoir という動詞の派生名詞ですが，前者は notion とほぼ同義で抽象的な「概念」，後者は具体的な「ものの考え方」という意味で，ニュアンスが少し異なります．Le *concept* de temps est difficile à expliquer.（時間という概念は説明するのがむずかしい）；Voilà une *conception* nouvelle.（それは新しい考え方だ）

2 » La génération Z

Comment définir « les jeunes » ? Est-ce que ce sont des personnes qui ont moins d'un certain âge ? Si oui, lequel : vingt ans, vingt-cinq, trente ?

Il semble difficile de définir les jeunes seulement par l'âge.
5 En effet, dans certains pays, l'espérance de vie[1] est inférieure à soixante ans ; dans d'autres, elle est supérieure à quatre-vingts ans. Ainsi, selon les pays, on devient adulte à des âges différents.

La notion de jeunesse n'est pas universelle. En occident, les jeunes nés entre 1997 et 2010 appartiennent à la génération
10 Z. C'est un concept sociologique. Avant la génération Z, il y a les générations Y, X, baby boomer[2], etc. Ce sont les personnes nées respectivement[(20-3)] entre 1982 et 1996, 1961 et 1981, 1945 et 1960, etc.

La façon de penser d'une personne ne dépend pas
15 seulement de son âge, mais aussi de sa culture, de sa classe sociale... Alors, bien sûr, les personnes d'une même génération pensent différemment. C'est normal.

Cependant, leur point commun, c'est l'appartenance à une même époque : elles vivent les mêmes événements historiques,
20 sociétaux, politiques, etc.

....

1) **espérance de vie** 統計学用語で「平均余命」(ある年齢の人があとどれくらい生きられるか)を意味するが, ここでは 0 歳児の平均余命, すなわち「平均寿命」の意味で用いられている.

2) **générations Y, X, baby boomer** Y世代はだいたい1980年代から90年代生まれの人を指し, ミレニアム世代とも言われる. X世代は1960年代から1970年代生まれの人, ベビー・ブーマーは1945年から60年生まれの人. ただし, この区分は地域や国によっても異なるので, 一概には定義できない.

3) **distinguer la génération Z des précédentes** 〈distinguer A de B〉(BからAを区別する)という構文なので, des の文法的解釈を間違えないように注意.

Pour distinguer la génération Z des précédentes[3], on mentionne souvent sa maîtrise des nouvelles technologies. En effet, c'est la première qui n'a pas connu le monde sans Internet[4] : elle a grandi dans un monde numérisé[5], avec le smartphone et les réseaux sociaux.   25

Mais ce qui la caractérise le plus, ce sont sans doute deux événements majeurs de ces dernières années : la crise de la Covid-19[6] et la crise écologique.

L'époque actuelle n'est pas facile : crise sanitaire, sociale, écologique… C'est un lourd fardeau pour la génération Z. Elle 30 semble consciente de ces problèmes, mais va-t-elle réussir à les résoudre ?

En tout cas, beaucoup de jeunes de cette génération sont engagés, dans la lutte climatique par exemple ; la plus connue, c'est Greta Thunberg[7].   35

Le découpage entre les générations X, Y et Z est une conception occidentale. Dans d'autres régions et pays du monde, le découpage des générations est différent. Au Japon, est-ce qu'il y a une génération équivalente à la génération Z ?

. . . .

4) Internet　大文字で始め，冠詞なしで用いる.
5) numérisé　「デジタル化する」をフランス語では numériser と言う. numéroter（番号をつける）と混同しないこと. 形容詞形は numérique で，「デジタル技術」の意の名詞としても用いられる.
6) Covid-19　英語の Corona Virus Disease 2019 の略語で，フランス語では女性名詞として扱う.
7) Greta Thunberg　スウェーデンの環境活動家（2003－　）. 15 歳のころから気候変動問題について発言したり抗議活動をおこなったりしている.

Exercices »

Ⅰ 次の動詞に対応する名詞を書きなさい.

(1) définir （　　　　　）　　(2) distinguer （　　　　　）

(3) réussir （　　　　　）　　(4) résoudre （　　　　　）

Ⅱ 現在形の文は複合過去形に，複合過去形の文は現在形にして書き換えなさい.

(1) Elle appartient à ce parti politique.

　　→

(2) Ils vivent ensemble dans cette maison.

　　→

(3) Cette génération n'a pas connu le monde sans Internet.

　　→

Ⅲ 次の要素を並べ替えて文を作りなさい（文頭に来るものも小文字で始めてあります. 平叙文では文末に point をつけること）.

(1) de / dépend / efforts / succès / vos / votre

(2) contre / dans / ils / la lutte / le racisme / sont engagés

Ⅳ 次のフランス語の文がテキストの内容に一致している場合は○を，一致していない場合は×を［　］内に記入しなさい.

(1) Il est difficile de définir les jeunes parce que l'espérance de vie est différente selon les pays. ［　］

(2) C'est la maîtrise des nouvelles technologies qui caractérise le plus la génération Z car elle a grandi dans un monde numérisé.

［　］

(3) La génération Z ne va pas réussir à résoudre la crise écologique car elle n'en est pas consciente. ［　］

3
trois

≫ **Raymond Radiguet**

レーモン・ラディゲ

才能に恵まれながら若くしてこの世を去った芸術家を指して，しばしば「夭折の天才」という言い方がされます．文学者に限ってみると，日本では26歳で病死した石川啄木や25歳で自殺した北村透谷などが有名ですが，フランスでは17歳で『肉体の悪魔』 *Le Diable au corps* を発表して大評判となりながら，わずか20歳で病死したレーモン・ラディゲ（1903–23）こそ，まさにこの言葉にふさわしい作家でしょう．死後出版された『ドルジェル伯の舞踏会』 *Le Bal du comte d'Orgel* はフランス心理小説の伝統を踏まえた傑作とされ，三島由紀夫など，日本の作家たちにも大きな影響を与えました．2023年は彼の没後100年にあたります．

||| **読解のヒント** |||

〈faire＋無冠詞名詞〉で「…を引き起こす」という意味の熟語が作られることがあります．Le discours du président de la République *a fait sensation*.（共和国大統領の演説は熱狂を巻き起こした）；Sa mauvaise plaisanterie *a fait scandale*.（彼［女］の悪い冗談はひんしゅくを買った）

---

3 >> Raymond Radiguet

Raymond Radiguet est un nom très célèbre de la littérature française. Pourtant, l'œuvre de cet écrivain est brève. Il a écrit de la poésie et du théâtre[1], mais c'est surtout pour ses deux romans qu'il est connu.

5 Radiguet a onze ans au début de la Première Guerre mondiale, et quinze ans quand elle se termine. Pendant ces années-là, il lit beaucoup : Stendhal, Proust, Verlaine, Rimbaud… Une jeune institutrice lui donne des cours particuliers. Elle s'appelle Alice Saunier.

10 En 1917, Alice a vingt-trois ans et elle se marie avec Gaston, son fiancé. Pendant un an, alors que ce dernier est à la guerre, l'adolescent et l'institutrice ont une relation amoureuse.

À l'âge de quinze ans, Radiguet abandonne ses études et il commence à travailler dans le journalisme. C'est l'époque de 15 l'après-guerre : les Années folles[2]. Les gens veulent s'amuser, les artistes veulent créer.

À Paris, Radiguet rencontre des écrivains, des peintres, des musiciens : Max Jacob[3], Pablo Picasso, Francis Poulenc[4]… Il rencontre aussi Jean Cocteau[5]. Ce dernier[(1-6)] va l'aider, le 20 conseiller, l'encourager dans sa carrière d'écrivain.

1) de la poésie et du théâtre 部分冠詞の用法に注意.
2) les Années folles 直訳すれば「狂乱の時代」. 文化・芸術活動が華やかであったフランスの 1920 年代を指して言う.
3) Max Jacob フランスの作家 (1876−1944). ピカソらと交流し, 多くの詩集や小説を遺した.
4) Francis Poulenc フランスの作曲家, ピアニスト (1899−1963). エリック・サティ Éric Satie (1866−1925) らとともに「6 人組」のひとりとして活躍.
5) Jean Cocteau フランスの作家・詩人 (1889−1963). 画家や映画監督としても活動した. 代表作に Les Enfants terribles (『恐るべき子供たち』) など.

Quand il écrit *Le Diable au corps*[6], Radiguet a seulement dix-sept ans. Ce roman fait polémique : certains sont choqués par son thème qu'ils jugent immoral. En effet, ce livre, publié juste après la guerre, est inspiré par la liaison de Radiguet avec Alice. Cependant, l'écriture est d'une excellente qualité. C'est un 25 grand succès.

Son deuxième et dernier roman, *Le Bal du comte d'Orgel*, a été publié en 1924, après sa mort. En effet, Radiguet est mort de la typhoïde un an auparavant, à l'âge de vingt ans.

La vie de Radiguet a été courte et intense. Qu'il soit mort[7] 30 si jeune semble injuste. On pense aux œuvres qu'il avait déjà écrites, et à celles qu'il aurait pu écrire.

Radiguet a parfois été comparé à de grands auteurs. Pour son premier roman, on l'a comparé à Choderlos de Laclos[8], et pour son roman posthume, à Madame de La Fayette[9], par 35 exemple.

Raymond Radiguet est enterré au cimetière du Père-Lachaise[10], à Paris.

- -

6) *Le Diable au corps*　このタイトルは〈avoir le diable au corps〉(「悪魔が体に宿っている」の意から「平然と悪事をおこなう」「激しい恋をしている」の意味で用いられる熟語表現) を踏まえている.

7) Qu'il soit mort　que で始まる名詞節を主語にたてるときは動詞を接続法に置く.

8) Choderlos de Laclos　フランスの作家 (1741−1803). 代表作は *Les Liaisons dangereuses* (『危険な関係』).

9) Madame de La Fayette　フランスの作家 (1634−93). 代表作は *La Princesse de Clèves* (『クレーヴの奥方』).

10) cimetière du Père-Lachaise　パリ東部, 20区にある墓地. 20課参照.

Exercices »

I 次の名詞に対応する動詞を書きなさい.

    (1) étude （　　　　　　）   (2) liaison （　　　　　　）

    (3) mort （　　　　　　）   (4) vie （　　　　　　）

II 次の各文を能動態の文に書き換えなさい.

    (1) Le public a été choqué par son nouveau roman.

       →

    (2) Cette peinture de Picasso est inspirée par le bombardement de Guernica.

       →

    (3) Cet écrivain est souvent comparé à Stendhal.

       →

III 次の要素を並べ替えて文を作りなさい（文頭に来るものも小文字で始めてあります. 平叙文では文末に point をつけること）.

    (1) bonne / c'est / de / film / qualité / très / un

    (2) aurait pu / beaucoup / chef-d'œuvres / de / elle / produire

IV 次のフランス語の文がテキストの内容に一致している場合は○を，一致していない場合は×を ［　］内に記入しなさい.

    (1) Raymond Radiguet avait onze ans quand il a connu Alice Saunier qui lui a donné des cours particuliers. ［　］

    (2) Raymond Radiguet est mort avant la publication de son premier roman *Le Diable au corps*. ［　］

    (3) *Le Bal du comte d'Orgel* de Raymond Radiguet fait penser parfois à Madame Lafayette. ［　］

4
quatre

≫ La pauvreté et la richesse

貧困と富裕

日本でも格差の拡大は深刻な社会問題になっていますが，フランスでも事情は変わりません．特に新型コロナウイルスの世界的流行はこの状況に拍車をかけ，貧しい者はますます貧しくなる一方，ごく一部の富める者はますます富んでいくという矛盾が露呈しています．「自由・平等・友愛」を共和国のスローガンとするフランスで不平等が拡大するというのはまことに皮肉な事態ですが，このまま放置しているとやがて「自由」や「友愛」までもが危機にさらされてしまいかねません．2022年5月の大統領選挙で再選されたエマニュエル・マクロンが今後どのような対策をとって現状を打開していくのか，手腕の試されるところです．

▮▮▮ 読解のヒント ▮▮▮

割合を示す言葉が主語になるとき，動詞の数は母体となる名詞にあわせるのが普通です．La moitié des étudiants *parlent* bien français. (学生の半分はフランス語を上手に話す) ; Environ 10 % de la population mondiale *souffre* de la faim. (世界人口のおよそ10%が飢えに苦しんでいる)

4 » La pauvreté et la richesse

Selon les pays, la façon de mesurer la pauvreté est différente. En France, une personne est considérée comme pauvre quand son revenu est inférieur à 60 % du revenu moyen des Français.

5 Actuellement, ce revenu moyen, c'est environ deux mille euros par mois : la moitié des Français ont plus, l'autre moitié, moins. Donc, le seuil de pauvreté[1], c'est environ mille cent euros pour une personne.

C'est l'INSEE[2] qui évalue le seuil de pauvreté, chaque 10 année. Cependant, pour des raisons de calcul, ses chiffres sont publiés avec un délai de deux ans. Ainsi, on ne connaît pas encore exactement l'impact de la Covid-19[2-6] sur la pauvreté en France.

En 2019, neuf millions de Français vivaient en dessous du 15 seuil de pauvreté. C'est beaucoup. Pour les années suivantes (2020, 2021, 2022…), ce nombre pourrait augmenter. En effet, la Covid-19 a provoqué une gigantesque crise non seulement sanitaire, mais aussi sociale.

En même temps, la crise de la Covid n'a pas affecté les plus

....

1) **seuil de pauvreté** seuil de ～で「…かどうかの分かれ目」「境界値」.
2) **INSEE** Institut national de la statistique et des études économiques (国立統計経済研究所) の略号. 発音は [inse].

riches. Au contraire : selon Oxfam[3], la fortune des milliardaires 20
français a plus augmenté pendant les deux ans de la pandémie
que pendant la décennie 2010-2020.

Cette situation n'est pas spécifique à la France. C'est une
tendance mondiale. En effet, toujours selon Oxfam, d'un côté[4],
les dix personnes les plus riches du monde ont doublé leur 25
fortune pendant la pandémie ; et d'un autre côté, cent soixante
millions de personnes dans le monde sont tombées dans la
pauvreté.

« Égalité » est l'un des trois mots de la devise de la France.
Pourtant, il y a beaucoup d'inégalités entre les plus riches et les 30
plus pauvres dans ce pays. Quel paradoxe ! Depuis un demi-siècle,
elles augmentent fortement.

Les médias ne parlent pas beaucoup de ce sujet. Pendant la
campagne pour l'élection présidentielle de 2022[5], ce n'était pas
non plus un sujet central. Pourtant, il est possible de résoudre le 35
problème de ces inégalités économiques et de cette pauvreté :
pour cela, il faut une volonté politique.

---

3) **Oxfam** オックスフォード大学の教育者たちが中心となって 1942 年に設立された Oxford
Committee for Famine Relief（オックスフォード飢餓救済委員会）の省略形が 1965 年から
正式名称となったもの．ここで言及されているのはフランス支部にあたる Oxfam France だが，
4 行後に出てくるのは Oxfam international である．
4) **d'un côté** 「一方では…」の意で，2 行後の d'un autre côté と一組で用いられている．
5) **élection présidentielle de 2022** 5 課参照．

Exercices »

Ⅰ 次の名詞に対応する形容詞の<u>女性単数形</u>を書きなさい.

    (1) année （   ）   (2) nombre （   ）

    (3) égalité （   ）   (4) paradoxe （   ）

Ⅱ 次の各文を, 直接話法は間接話法に, 間接話法は直接話法にして書き換えなさい.

    (1) Il a dit : « Ma mère partira la semaine prochaine. »

      →

    (2) Elle m'a dit : « Mon oncle vit à la campagne. »

      →

    (3) Ils m'ont annoncé que leur fille s'était mariée avec un Italien.

      →

Ⅲ 次の要素を並べ替えて文を作りなさい（文頭に来るものも小文字で始めてあります. 平叙文では文末に point をつけること）.

    (1) a affecté / de / entier / la crise / la pandémie / le monde

    (2) beaucoup / de / la Covid-19 / les médias / parlent

Ⅳ 次のフランス語の文がテキストの内容に一致している場合は○を, 一致していない場合は×を ［ ］ 内に記入しなさい.

    (1) En France, actuellement, la moitié des Français gagnent environ plus de deux mille euros par mois. ［ ］

    (2) Malgré la crise de la Covid-19, les milliardaires français ont doublé leur fortune pendant la pandémie. ［ ］

    (3) Le problème des inégalités entre les plus riches et les plus pauvres a été un des sujets centraux de l'élection présidentielle de 2022. ［ ］

5

cinq

≫ ## L'élection présidentielle de 2022

≪ 政治

2022年大統領選挙

2022年4月のフランス大統領選挙では，現職のエマニュエル・マクロンが再選されました．決選投票の相手は，2017年と同じく極右のマリーヌ・ルペン．ただし，32.2ポイント差の圧勝だった前回と比べて，今回は得票率の差が17.1ポイント足らずと，15ポイント以上も縮まっています．そして6月19日におこなわれた国民議会選挙 élections législatives では，マクロン大統領の「共和国前進」La République en marche が100も議席を減らして245議席にとどまり，過半数（289議席）を大幅に下回る結果となりました．一方，ルペンの率いる「国民連合」Rassemblement national は改選前の8議席から10倍以上の89議席へと大躍進しています．マクロン大統領の2期目は前途多難と言えるでしょう．

||| 読解のヒント |||

　élire（選挙で選ぶ），nommer（任命する）などの動詞が役職名を属詞とする場合，その名詞には冠詞をつけないのが普通です．Ce professeur *a été élu doyen* de la faculté de droit.（この教授は法学部長に選出された）；On l'*a nommée directrice* du personnel.（彼女は人事部長に任命された）

17

Depuis 1965, le président de la République française[1] est élu au suffrage universel direct. Si un candidat obtient plus de 50 % des voix au premier tour, il est élu. C'est assez improbable, car il y a beaucoup de candidats. Un second tour oppose donc
5 les deux meilleurs.

En 2022, monsieur Macron a été réélu Président. Comme à la précédente élection, en 2017, il a battu madame Le Pen au second tour. En apparence, ces deux élections se ressemblent. En réalité, elles sont très différentes.

10 En 2022, monsieur Macron a obtenu 58,55 % des voix. Bien que sa victoire soit nette, il a perdu 7 % des voix par rapport à 2017.

En 2002, l'extrême droite était au second tour de l'élection présidentielle pour la première fois. C'était un choc pour les
15 Français. Toutefois, son candidat, Jean-Marie Le Pen, a obtenu seulement 17,79 % des voix. En votant massivement pour l'autre candidat – Jacques Chirac –, les électeurs de droite et de gauche avaient empêché la victoire de l'extrême droite. C'est ce qu'on appelle le « front républicain[2] ».

....

1) **président de la République française** 「共和国大統領」と言うときは小文字で始めるが、「共和国」をつけない場合は大文字で始めて Président とするのが慣例. 6 行目参照.

2) **front républicain** 選挙の際, 極右政党である「国民戦線」(Front national, 2018 年以降は「国民連合」Rassemblement national) が政権をとることを阻止するため, 他の複数の政党が左右を問わずに共闘することを指す「共和戦線」.

Vingt ans après, sa fille, Marine Le Pen, a obtenu 41,45 % 20 des voix. C'est colossal. Le front républicain n'existe-t-il plus en France ? La situation est plus nuancée en réalité.

En effet, le résultat de l'élection est calculé seulement avec les votes des électeurs qui ont voté pour un des deux candidats. Mais, le 24 avril 2022, beaucoup de Français, notamment des 25 jeunes, n'ont voté ni pour monsieur Macron ni pour madame Le Pen. Ils étaient opposés, en même temps, à la politique macroniste[3] et aux idées lepénistes. Selon leurs mots, ils refusaient de choisir entre « la peste et le choléra »[4], entre « l'ultralibéralisme ou le fascisme ». 30

Ainsi, parmi les électeurs inscrits sur les listes électorales, seuls 38,50 % ont voté pour monsieur Macron, 27,26 % pour madame Le Pen et 34,24 % pour aucun des deux.

La prochaine présidentielle sera en 2027. On ne sait pas qui sera élu. Une chose est sûre : ce ne sera pas Emmanuel 35 Macron. La constitution interdit plus de deux mandats successifs comme Président.

---

3) macroniste Macron という固有名詞から作られた形容詞. すぐ後の lepénistes も同様に Le Pen から作られた形容詞で, いずれも辞書には載っていない.

4) choisir entre « la peste et le choléra » 2022 年の大統領選挙でいずれの候補にも投票したくない立場を表す比喩. 日本語でいえば「究極の選択」といったところか. « choisir entre se couper un bras ou une jambe »（自分の片腕と片脚のどちらを切るか）という表現もある.

Exercices »

I 次の過去分詞をもつ動詞の不定法（原形）を書きなさい.

(1) battu （　　　　　　）　　(2) obtenu （　　　　　　）

(3) perdu （　　　　　　）　　(4) inscrit （　　　　　　）

II 次の各文を（　）内の指示に従ってほぼ同じ意味の文に書き換えなさい.

(1) Il était enrhumé, mais il est sorti sous la pluie.

（Bien que ～で始めて）→

(2) Tu dois partir tout de suite.

（Il faut que ～で始めて）→

(3) Elle n'a pas réussi à l'examen. C'est dommage.

（後の文で始めて1つの文に）→

III 次の要素を並べ替えて文を作りなさい（文頭に来るものも小文字で始めてあります. 平叙文では文末に point をつけること）.

(1) a obtenu / candidat / ce / de / des / plus / 60 % / voix

(2) à / a refusé / association / cette / de / elle / participer

IV 次のフランス語の文がテキストの内容に一致している場合は○を, 一致していない場合は×を ［　］内に記入しなさい.

(1) En France, il est rare que le président de la République soit élu au premier tour du suffrage. ［　］

(2) À l'élection présidentielle en 2002, beaucoup d'électeurs de droite ont voté pour Jacques Chirac afin d'empêcher la victoire de l'extrême droite. ［　］

(3) À l'élection présidentielle en 2022, la majorité des électeurs n'ont voté ni pour monsieur Macron ni pour madame Le Pen. ［　］

6 six ≫ Le café

コーヒー

　フランスのカフェで出てくるコーヒーといえば，小さなカップに入った少量の濃くて苦いエスプレッソ café express（または単に express）のことで，日本のそれとはだいぶイメージが違います．また，日本では豆の種類によってモカとかキリマンジャロとか区別して注文できる店も少なくありませんが，フランスではそうした店はまずありません．コーヒーの国という印象が強いフランスですが，このあたりは意外におおざっぱで，日本の方がずっと細かく分かれているようです．なお，ミルク入りのコーヒーを意味するカフェオレ café au lait はあくまで総称で，店で注文する場合はカフェクレーム café crème と言うのが普通です．

‖‖‖ 読解のヒント ‖‖‖

　否定文の中に副詞が用いられている場合，その位置によって意味が変わることがあります．Elle *n'est pas toujours* prête.（彼女はいつも準備ができているとは限らない）；Elle *n'est toujours pas* prête.（彼女は相変わらず準備ができていない）なお，「彼女は準備ができていたためしがない」は Elle *n'est jamais* prête. と言います．

6 » Le café

Boire du café[1] : voilà une habitude bien française. Les Français en boivent beaucoup : à la maison, au travail, au café, à l'université, le matin au petit-déjeuner, après le déjeuner, pour faire une pause pendant la journée...

5   Contrairement aux Américains qui achètent plutôt leur café à emporter, les Français préfèrent s'asseoir pour le boire[2] tranquillement. En effet, pour ces derniers[(1-6)], prendre un café, c'est d'abord un moment convivial. La boisson elle-même est moins importante.

10   À ce propos, si[3] 80 % des Français boivent[*4] du café régulièrement, seulement la moitié d'entre eux le trouvent bon.

     C'est vrai que, quand on commande un café dans un café[4] en France, son goût est souvent trop amer, trop acide, trop brûlé... Bref : il n'est pas bon.

15   Il faut dire aussi que les Français ne sont pas très exigeants pour la qualité du café. Quand ils en commandent un, ils demandent simplement « Un café, s'il vous plaît. », sans plus de précisions. Pourtant, ils ne savent pas quel type de café on va leur servir.

....

1) **Boire du café** 普通に「コーヒーを飲む」と言うときはこのように部分冠詞をつけるが，以下 の文章では冠詞がいろいろ変わっているので，なぜそうなっているのか考えてみること.

2) **le boire** ここでは前の leur café が念頭にあり，「自分の飲むコーヒー」と限定されているの で le で受けている.

3) **si** 仮定ではなく，事実を提示する si の用法.

4) **on commande un café dans un café** 同じ café という名詞が違った意味で使われているこ とに注意.

C'est un peu étonnant, n'est-ce pas ? Quand ils vont à la 20
boulangerie, ils ne demandent pas simplement « Un pain, s'il
vous plaît. » ; ils précisent : une baguette, une flûte, un pain de
campagne, etc.

Cependant, la situation est en train de changer : ces
dernières années, certains professionnels du café promeuvent 25
un café de meilleure qualité auprès des consommateurs.

Souvent, on achète le café en paquet au supermarché. Et il
n'est pas toujours très bon. Pourtant, c'est assez facile de
préparer soi-même un café délicieux à la maison. Il n'y a pas
besoin de beaucoup d'accessoires et ce n'est pas très cher. Bien 30
sûr, la qualité du café est importante. C'est évident. Et la qualité
de l'eau, aussi, est très importante. En effet, dans cette boisson,
il y a 97 % d'eau.

Savez-vous qu'il est déconseillé de sucrer le café ? Il
contient déjà naturellement du sucre. Et s'il est nécessaire 35
d'ajouter du sucre, c'est peut-être parce que le café a un défaut ;
il est trop amer, par exemple.

Exercices »

I 本文で用いられている次の語の反対語（意味の上で対になる語）を書きなさい.

(1) journée　　　（　　　　　　） (2) qualité （　　　　　　）

(3) professionnel （　　　　　　） (4) défaut （　　　　　　）

II 次の各文の下線部を en で受けて全文を書き換えなさい.

(1) On ne sert pas <u>de viande</u> dans ce restaurant.

　　→

(2) Il y a beaucoup <u>de livres d'histoire</u> dans cette bibliothèque.

　　→

(3) J'ai acheté un litre <u>de lait</u> au supermarché.

　　→

III 次の要素を並べ替えて文を作りなさい（文頭に来るものも小文字で始めてあります. 平叙文では文末に point をつけること）.

(1) dehors / déjeuner / je / m'installer / pour / préfère

(2) elle / exigeante / le vin / n'est / pas / pour / très

IV 次のフランス語の文がテキストの内容に一致している場合は○を，一致していない場合は×を［　］内に記入しなさい.

(1) Pour les Français, la qualité du café importe moins que le plaisir de passer un moment convivial dans un café. ［　］

(2) À la boulangerie, les Français ne précisent pas le type de pain qu'ils veulent acheter. ［　］

(3) Pour préparer soi-même un café délicieux à la maison, il faut tenir compte à la fois de la qualité du café et de celle de l'eau.

［　］

7
sept

La taxonomie verte européenne

欧州グリーン・タクソノミー

地球温暖化は今や全世界共通の課題ですが，特にエネルギー問題の将来をどう考えるかはヨーロッパでも立場が分かれていて，なかなか足並みがそろいません．そうした中で欧州委員会 Commission européenne が 2022 年 2 月に発表した「グリーン・タクソノミー（環境に優しい経済活動の分類）」taxonomie verte は，環境に悪影響を及ぼさないと認められた経済活動を列挙し，民間企業の投資を持続可能な分野の事業に誘導することを目指したものですが，EU 加盟国のあいだで意見が分かれていた天然ガスと原子力が条件付きではあれ最終案に含まれていたため，大きな議論を巻き起こしました．そこへロシアによるウクライナ侵攻が加わり，事態はますます複雑化しています．

----||| 読解のヒント |||----

ponctuel という形容詞はもともと point（点）と関係した言葉で，「ある一点に向かう」という趣旨から，「時間をきちんと守る」という意味と「ある部分に局限された」という意味があります．Ce professeur est *ponctuel*.（この先生は時間を厳守する）；Ce n'est qu'une réforme *ponctuelle*.（これは部分的改革にすぎない）

7 » La taxonomie verte européenne

Ces dernières années, l'augmentation du prix de l'énergie préoccupe beaucoup les consommateurs. Bien sûr, les gouvernements peuvent aider financièrement les plus modestes, ou baisser provisoirement les taxes sur l'énergie, par exemple.
5 Mais ces aides ne sont efficaces que ponctuellement.

De plus, depuis la guerre en Ukraine, beaucoup de pays réfléchissent à leur autonomie énergétique[1]. Ils ont compris qu'ils étaient trop dépendants d'autres pays.

Enfin, de nos jours[2], on ne peut pas parler d'énergie sans
10 penser au réchauffement climatique.

La politique énergétique des pays de l'Union européenne doit tenir compte de leur engagement écologique commun : réduire les émissions de CO_2[3] pour atteindre la neutralité carbone[4] en 2050.

15 Pour cela, l'UE a créé une taxonomie verte des activités économiques qui respectent l'environnement. Si une activité est dans cette taxonomie, l'UE lui donne des financements.

L'énergie est un des secteurs concernés. Bien sûr, les énergies renouvelables (éolienne, solaire...) font partie de cette
20 taxonomie. Étonnamment, le gaz naturel et le nucléaire en font aussi partie...

Le gaz émet beaucoup de CO_2, le nucléaire produit des

1) énergétique 「エネルギーに関する」の意. énergique (精力的な) と混同しないこと.
2) de nos jours 「今日では」「現代では」.
3) CO_2 フランス語の発音は [seodø].
4) neutralité carbone 二酸化炭素の排出量から吸収量と除去量を引いた値をゼロにする「カーボンニュートラル」.

26

déchets : est-ce que ces deux énergies respectent l'environnement ?

Certains pays utilisent ces énergies pour produire de l'électricité, par exemple l'Allemagne pour le gaz et la France 25 pour le nucléaire. Alors, pour défendre leurs intérêts économiques et idéologiques, ils ont insisté pour qu'elles soient dans la taxonomie.

D'autres pays n'étaient pas d'accord. On les comprend : évidemment, utiliser seulement des énergies renouvelables 30 serait idéal. Mais sans le gaz et le nucléaire, il faudrait que les Européens changent radicalement leur mode de vie. Est-ce possible ?

Ainsi, cette taxonomie européenne, c'est un compromis réaliste. 35

Comme partout sur la planète, l'UE est face à un défi à la fois urgent et complexe en matière énergétique et climatique[5].

La neutralité carbone en 2050 est difficile à atteindre, surtout si les humains ne changent pas leur mode de vie peu écologique. Toutefois, il est important de se fixer des objectifs, 40 même sans certitude de les atteindre.

Alors, bien sûr, la taxonomie européenne n'est pas parfaite. Mais l'UE confirme son engagement pour le climat et elle montre la voie au reste du monde.

5) **en matière énergétique et climatique** 〈en matière ＋形容詞（または de ＋無冠詞名詞）〉で「…に関して」. en matière *politique*（政治に関して）, en matière *de littérature*（文学に関して）など.

Exercices »

I 次の名詞に対応する動詞を書きなさい.

(1) augmentation （　　　　　　） (2) émission 　（　　　　　　）

(3) intérêt 　　　（　　　　　　） (4) compromis （　　　　　　）

II 次の各文を，下線部を問う疑問文にしなさい.

(1) La Covid-19 préoccupe le gouvernement japonais.

→

(2) Elle travaille dans cette entreprise depuis l'année dernière.

→

(3) Il réfléchit tout le temps à son avenir.

→

III 次の要素を並べ替えて文を作りなさい（文頭に来るものも小文字で始めてあります. 平叙文では文末に point をつけること）.

(1) compte / de / faut / il / opinion / son / tenir

(2) de / équipe / font / ils / la / nouvelle / partie

IV 次のフランス語の文がテキストの内容に一致している場合は○を，一致していない場合は×を［　］内に記入しなさい.

(1) Le gaz naturel n'est pas inclus dans la taxonomie verte européenne parce qu'il émet beaucoup de CO_2. ［　］

(2) L'Allemagne a insisté pour que le nucléaire soit dans la taxonomie parce qu'elle l'utilise beaucoup pour produire l'électricité. ［　］

(3) Les humains devraient changer leur mode de vie peu écologique s'ils veulent réaliser la neutralité carbone en 2050. ［　］

Les mangas en France

フランスにおける漫画

　日本のテレビアニメがフランスに入ってからすでに半世紀，今や漫画はこの国の若者にとってなくてはならない娯楽のアイテムになっただけでなく，世代を越えて愛される日本文化の代表となりました．パリの大型書店にはたいてい専用のコーナーが設けられ，日本漫画の仏訳版がずらりと並んでいます．manga という単語は 1896 年に作家のエドモン・ド・ゴンクール Edmond de Goncourt が葛飾北斎を論じた *Hokousaï* という評論の中ですでに用いた例がありますが，そのときは女性名詞として扱われていました．今でもフランス語で続き漫画を表す bande dessinée（BD）からの類推で女性名詞扱いする人もいますが，多くの場合は他の外来語同様，男性名詞として用いられています．

読解のヒント

　« certains〜, d'autres〜 » で「ある人たちは…、別の人たちは…」という意味になります。*Certains* disent qu'elle est compétente, *d'autres* disent qu'elle ne l'est pas. (ある人たちは彼女が有能だと言い、別の人たちはそうではないと言う) certainsは不特定の人々を指すときは男性形ですが、複数形の女性名詞を受ける場合はcertainesとなります。

» Les mangas en France

La France est le deuxième marché du manga au monde. L'origine de cette passion française pour les mangas date d'un demi-siècle.

La télévision française diffuse des dessins animés japonais pour la première fois vers la fin des années 1970. On peut citer les séries *Candy, Albator, Maya l'abeille, Goldorak*[1]…

Ce sont elles qui permettent aux Français d'entrer dans l'univers manga car, à ce moment-là, il n'y a quasiment pas de bandes dessinées japonaises dans l'Hexagone[2].

Comme le succès de ces séries est immense, beaucoup d'autres sont diffusées par la suite : *Ranma ½, Les Chevaliers du Zodiaque, Sailor Moon, Dragon Ball*[3]…

Cette omniprésence des dessins animés japonais à la télévision française est vivement critiquée par des politiques, des intellectuels, des journalistes, des parents… Ils disent, par exemple, qu'ils sont trop violents.

Mais, les jeunes adorent ces animes[4]. Alors, des maisons d'édition françaises décident de traduire et de publier des mangas japonais : *Akira, Orion, Dr. Slump*[5]…

C'est ainsi que, dans les années 1990, en France, les animes

1) *Candy, Albator, Maya l'abeille, Goldorak* 順に『キャンディキャンディ』『宇宙海賊キャプテンハーロック』(Albator はハーロックのフランス語名)『みつばちマーヤの冒険』『UFO ロボ グレンダイザー』(Goldorak はグレンダイザーのフランス語名).

2) **Hexagone** フランス本土の形状が 6 角形に近いことから、しばしば代わりに用いられる.

3) *Ranma ½, Les Chevaliers du Zodiaque, Sailor Moon, Dragon Ball* 順に『らんま1/2』(フランス語では Ranma un demi と読む)『聖闘士星矢』『美少女戦士セーラームーン』『ドラゴンボール』.

4) **animes** 日本語(?)の「アニメ」をそのままフランス語にした単語で、発音は animé と同じ.

5) *Akira, Orion, Dr. Slump* 順に『AKIRA』『仙術超攻殻オリオン』『Dr. スランプ』.

et les mangas clivent[6) : certains les méprisent, d'autres les
adorent.

Depuis, la perception des mangas a beaucoup changé, et
ce[7), car les Français connaissent de mieux en mieux la culture
japonaise. En effet, ils sont de plus en plus à s'intéresser[8) au ₂₅
Japon. Ainsi, Japan Expo[9) a été créé en 1999 : c'est un
événement sur la culture japonaise qui réunit chaque année des
milliers de passionnés. Au cinéma, de nombreux Français ont
apprécié les films d'animation japonais, ceux d'Hayao Miyazaki
par exemple.   ₃₀

Alors, ces dernières années, c'est l'âge d'or des mangas
japonais en France. Ils y sont très appréciés : la moitié des BD[10)
vendues en France sont[*4) des mangas.

On peut mettre en parallèle l'acceptation des mangas avec
celle du rap. Au début, la majorité des Français trouvaient le rap ₃₅
violent, vulgaire, médiocre. Aujourd'hui, c'est le genre musical
le plus écouté en France.

En 2021, les mots « mangaka » et « anime » (ou « animé »)
sont entrés dans le dictionnaire ; c'est un symbole.

----

6) clivent 「分割する」の意から「意見を二分する」.
7) et ce 次に来る内容を強調する言い方.「それも」「しかもそれは」.
8) ils sont de plus en plus à s'intéresser 〈être à ＋動詞不定法〉で「…する傾向がある」.
9) Japan Expo 毎年 7 月上旬に開催される日本文化の総合博覧会. コロナ禍の影響で 2020 年・2021 年と開催が見送られたが, 2022 年度は 7 月 14 日から 17 日までの 4 日間, パリ北郊外の Villepinte にある博覧会場で開催された.
10) BD bande dessinée の略号.

Exercices »

I 次の図形を表す単語を書きなさい.

(1) 三角形 （　　　　　　　）　　(2) 正方形 （　　　　　　　）

(3) 長方形 （　　　　　　　）　　(4) 円　　（　　　　　　　）

II 次の各文の下線部を主語にして，全体を受動態の文に書き換えなさい.

(1) Les jeunes Français adorent la culture japonaise.

→

(2) Les journaux ont vivement critiqué la parole du premier ministre.

→

(3) On a beaucoup apprécié son nouveau film.

→

III 次の要素を並べ替えて文を作りなさい（文頭に来るものも小文字で始めてあります. 平叙文では文末に point をつけること）.

(1) cathédrale / cette / date / du / gothique / XIVᵉ / siècle

(2) a réuni / cette / de / des / exposition / milliers / visiteurs

IV 次のフランス語の文がテキストの内容に一致している場合は○を，一致していない場合は×を ［　］ 内に記入しなさい.

(1) Grâce à la diffusion des dessins animés japonais par la télévision française vers la fin des années 1970, les Français ont pu entrer dans l'univers manga. ［　］

(2) Les mangas étaient méprisés par la majorité des Français dans les années 1990, mais ils ne le sont plus aujourd'hui. ［　］

(3) La réception des mangas en France ressemble beaucoup à celle du rap qui était considéré comme violent et vulgaire au début.

［　］

9
neuf

≫ **La transidentité**

トランスアイデンティティ

近年，日本のマスコミでも LGBT の話題がしばしばとりあげられますが，そのひとつである T（身体的性別と性自認のあいだに離齬（そこ）がある人，トランスジェンダー）の存在は，フランスでも急速に認識されるようになっています．これまで広く用いられてきた「性同一性障害」troubles de l'identité de genre という言葉は差別的であるとして，最近はむしろ「性別違和」dysphorie de genre という用語が使われるようになっていますが，こうした性的マイノリティ―にたいする偏見は依然として根強く，差別的な扱いを受けて傷ついたり苦しんだりする例が少なくありません．自分とは異なる存在を「普通でないもの」として排除する考え方をなくすためには，社会をあげての努力がまだまだ必要なようです．

||| **読解のヒント** |||

changer という動詞は，〈de ＋無冠詞名詞〉をともなうと「同じ種類の別のものと取り替える」という意味になります．Pourriez-vous *changer de* chambre ？（別の部屋に替えていただけますか？）直接目的語をとる場合は，「それ自体を変化させる」という意味です．Elle *a changé* sa coiffure.（彼女は髪形を変えた）

9 » La transidentité

neuf

Soit homme, soit femme[1] : la mention du sexe d'une personne apparaît sur beaucoup de documents (acte de naissance, carte d'identité, passeport, etc.). C'est cette mention qui détermine la façon dont chaque personne est officiellement
5 identifiée.

Pour la plupart des personnes, cette mention – homme ou femme – correspond à leur identité de genre ; ce sont des personnes cisgenres[2]. Mais certaines[*8] ne s'y reconnaissent pas ; ce sont des personnes transgenres.

10 Une personne transgenre peut, par exemple, avoir un corps d'homme, mais se sentir femme, ou le contraire. Souvent, cette situation crée un mal-être appelé « la dysphorie de genre[3] ». Alors, pour se rapprocher de leur identité de genre, beaucoup de personnes trans[4] changent de prénom, modifient
15 leur apparence, prennent un traitement hormonal, font des opérations chirurgicales.

Depuis quelques années, on parle de plus en plus de la transidentité dans les médias, notamment grâce à des personnalités publiques transgenres (artistes, politiciens[5],
20 sportifs…). Cependant, cette notion est encore mal connue, et mal comprise par beaucoup de monde.

. . . .

1) **Soit homme, soit femme** ⟨soit ~, soit ~⟩ で「…か, あるいは…か」.
2) **cisgenres** 性自認と生まれもった体の性別が一致している人（シスジェンダー）. 次行の transgenre との対比で用いられるようになった.
3) **dysphorie de genre** dysphorie は euphorie（強い幸福感）の反対語で,「不快感」「情動不安」の意.
4) **trans** transgenre を略した形容詞. 性数不変.
5) **politiciens** 「政治家」はふつう homme (femme) politique と言い, politicien (ne) は「政治屋」といった軽蔑的なニュアンスで用いられることが多いが, ここではそうしたニュアンスはない.

••• CD 10

Et, comme souvent quand on est différent, les personnes trans sont discriminées. Il y a de la transphobie[6] partout dans la société : dans la vie quotidienne, familiale, professionnelle, scolaire… 25

Ces dernières années, de plus en plus d'élèves affirment leur transidentité. Mais, en 2020, en France, l'administration d'un lycée a refusé qu'une élève transgenre aille en cours en jupe. La lycéenne a filmé l'altercation qu'elle a eue avec sa conseillère principale d'éducation[7]. Elle a posté la vidéo sur les 30 réseaux sociaux[*2] quelques jours plus tard. Et elle s'est suicidée.

Est-ce que les deux événements sont liés ? Est-ce que cette discrimination était volontaire ou simplement maladroite ?

Ce drame, qui a fait la une[8] des médias, a montré le retard de l'Éducation nationale concernant la question de la 35 transidentité. Pour pouvoir réagir adéquatement face à ces élèves, les personnels des établissements scolaires (directeurs, enseignants, CPE, etc.) doivent être mieux informés.

Cette problématique ne concerne pas seulement l'Éducation nationale. Elles concernent toutes les institutions 40 publiques, et la société en général.

....

6) transphobie -phobie は「嫌悪」「恐怖」の意を表す接尾語. acrophobie (高所恐怖症), claustrophobie (閉所恐怖症) などの例がある. ここでは「トランスジェンダー嫌悪」.

7) conseillère principale d'éducation 中学校・高等学校で, 教師とは別に生徒の生活全般の指導や相談を担当する専門職員. ここでは女性だが, もちろん男性もいる. 終わりから3行目の CPE はその略号.

8) qui a fait la une 〈faire la une〉は「新聞の第一面に載る」「大きく報道される」の意で, この場合は la と une はエリズィオンされない.

Exercices » _____

I 次の動詞に対応する名詞を書きなさい.

(1) correspondre （　　　　　　　） (2) rapprocher （　　　　　　　）

(3) modifier （　　　　　　　） (4) refuser （　　　　　　　）

II 次の各文を指示に従って書き換えなさい.

(1) Il ne se reconnaissait pas dans la glace.

（下線部を y で受けて）→

(2) Je me sens fatigué de mon travail monotone.

（主語を elle にして）→

(3) Ils s'amusent bien à jouer au tennis.

（複合過去形にして）→

III 次の要素を並べ替えて文を作りなさい（文頭に来るものも小文字で始めてあります. 平叙文では文末に point をつけること）.

(1) affaire / cette / de / les journaux / parlent / souvent

(2) cette / concerne / décision / européens / les pays / tous

IV 次のフランス語の文がテキストの内容に一致している場合は○を，一致していない場合は×を [ ] 内に記入しなさい.

(1) La plupart des personnes sont des cisgenres, mais certaines ne le sont pas. [　]

(2) Sous l'influence des personnalités publiques transgenres, la notion de trans est maintenant bien reconnue dans la société française. [　]

(3) Le suicide d'une lycéenne transgenre a été une occasion de révéler le retard de l'Éducation nationale concernant cette question. [　]

10 dix » Les prix littéraires

文学賞

12585985az　ISA HARSIN/SIPA/Shutterstock
Goncourt Prize Award 2021, Paris, France - 03 Nov 2021 Press conference by Mohamed Mbougar Sarr Prix Goncourt 2021 for his book The Most Secret Memory of Men at Editions Philippe Rey, at the restaurant Chez Drouant in Paris on November 3, 2021.

文学賞といえば，日本では芥川賞が有名ですが，フランスで最も知られているのは1世紀以上の歴史を誇るゴンクール賞でしょう．歴代の受賞者の中には文学史に名を残す作家が何人もいますが，忘れられてしまった例も数多く含まれています．本文に出てこない作家としては，『愛人』*L'Amant* で 1984 年に 70 歳で受賞したマルグリット・デュラス Marguerite Duras が有名です．また，1956 年の受賞者であるロマン・ガリー Romain Gary は，1975 年にエミール・アジャール Émile Ajar という別の名義でも受賞しており，この賞を 2 度獲得した唯一の作家です．なお，1951 年に『シルトの岸辺』*Le Rivage des Syrtes* で選出されたジュリアン・グラック Julien Gracq は受賞を拒否しました．

|||読解のヒント|||

　ラテン語の成句的表現がそのままフランス語でも用いられる例は少なくありません．本文に出てくる *sine qua non*（必須の）はその一例ですが，他にも *a contrario*（逆に），*a fortiori*（いわんや，まして），*grosso modo*（大雑把に，だいたい），*statu quo*（現状）等々があります．これらの表現は文中ではイタリック体にするのが慣わしです．

10 » Les prix littéraires

En France, au mois de septembre, c'est la rentrée littéraire : des centaines de romans sont publiés. Pourquoi les éditeurs publient-ils tellement de romans à ce moment-là ?

Une des raisons, c'est que la période des prix littéraires est
5 en automne. Et si un roman en reçoit un, le nombre d'exemplaires vendus augmente beaucoup !

Il existe de nombreux prix littéraires en France. On peut citer les prix Renaudot, Femina, Interallié, Médicis[1]... Mais le plus connu, c'est le prix Goncourt. Il est décerné chaque année
10 depuis 1903.

Il y a des conditions *sine qua non* pour pouvoir recevoir ce prix : le roman doit être écrit en français, publié pendant l'année par une maison d'édition francophone et vendu en librairie.

Le jury (l'académie Goncourt[2]) annonce les quinze romans
15 qu'il a sélectionnés début septembre. Ensuite, il en sélectionne huit, puis quatre, et le lauréat est annoncé au mois de novembre.

Marcel Proust, André Malraux, Simone de Beauvoir, Michel Houellebecq[3] sont parmi les lauréats de ce prix prestigieux. En 2021, avec *La plus secrète mémoire des hommes*, Mohamed Mbougar

----

1) prix Renaudot, Femina, Interallié, Médicis　ルノードー賞はゴンクール賞の向こうを張って 1926 年に創設された賞で，高校生のためのルノードー賞もある．フェミナ賞は男性優位の傾向 があったゴンクール賞に対抗して 1904 年に創設され，審査員は全員女性．アンテラリエ賞は 1930 年創設で，女性の受賞者は最も少ない．メディシス賞は 1958 年創設で最も新しく，新人・ 若手に光を当てる傾向が強い．

2) académie Goncourt　作家エドモン・ド・ゴンクール（Edmond de Goncourt）の遺言によ って 1900 年に設立された．10 名の会員から成り，賞の選考にあたる．

3) Michel Houellebecq　1956 年生まれの作家．*La Carte et le Territoire*（『地図と領土』）で 2010 年度のゴンクール賞を受賞．

Sarr[4] en a été le premier lauréat d'Afrique subsaharienne[5]. 20

Outre ce prix Goncourt « principal », l'académie en décerne d'autres : Goncourt de la poésie, de la nouvelle, du premier roman, etc. Et il y a aussi le prix Goncourt des lycéens.

Ce prix existe depuis un quart[*4] de siècle. Son fonctionnement est similaire à celui du prix Goncourt et la 25 sélection des livres est identique. Comme son nom l'indique, le jury de ce prix est composé de lycéens – environ deux mille.

Bien entendu, les lycéens lisent les livres sélectionnés. Également, ils peuvent discuter avec les écrivains en compétition lors de rencontres régionales. 30

Le lauréat du Goncourt des lycéens est annoncé quelques jours après celui du prix Goncourt. Les deux lauréats sont rarement le même écrivain…

Il y a aussi des « choix Goncourt internationaux[6] » décernés dans plusieurs pays par des jurys composés par des 35 apprenants de français, souvent des étudiants d'universités. Le Japon a décerné son choix Goncourt pour la première fois en 2022 à l'écrivaine[7] Clara Dupont-Monod[8] pour *S'adapter*.

....

4) **Mohamed Mbougar Sarr** 1990年セネガル生まれの作家. 読み方は「モハメッド・ムブガー・サール」.

5) **Afrique subsaharienne** 「サハラ以南のアフリカ」を指す. Afrique noire（ブラックアフリカ）と呼ばれることもあるが, 厳密には同義ではない.

6) **choix Goncourt internationaux** 1988年に創設された「高校生によるゴンクール賞」の外国版として1998年に始まった制度で, 2022年現在, 日本を含めて29の国・地域が参加している.

7) **écrivaine** 「作家」を意味する écrivain という名詞にはかつて男性形しかなく, 女流作家は femme écrivain と言ったりしていたが, 現在はこの形が定着している.

8) **Clara Dupont-Monod** 1973年生まれの作家. *S'adapter*（『受け入れたならば』）はフェミナ賞, およびフランスの高校生によるゴンクール賞も受賞している.

Exercices »

I 次の過去分詞をもつ動詞の不定法（原形）を書きなさい.

(1) vendu （　　　　　）　　(2) connu　（　　　　　）

(3) écrit　（　　　　　）　　(4) entendu （　　　　　）

II 次の各文を, 下線部を問う疑問文にしなさい.

(1) Il y a une dizaine de candidats pour l'élection présidentielle.

→

(2) Le prix Goncourt de l'année 1919 a été décerné à Marcel Proust.

→

(3) Elle ne viendra pas à la réunion parce que son fils est malade.

→

III 次の要素を並べ替えて文を作りなさい（文頭に来るものも小文字で始めてあります. 平叙文では文末に point をつけること）.

(1) célèbres / de / dix / écrivains / le jury / se compose

(2) ans / ce / depuis / existe / littéraire / prix / quarante

IV 次のフランス語の文がテキストの内容に一致している場合は○を, 一致していない場合は×を ［　］内に記入しなさい.

(1) Le prix Goncourt est décerné à un roman écrit en français par un auteur de nationalité française. ［　］

(2) Chaque année, la sélection du lauréat du prix Goncourt se fait de septembre à novembre en quatre étapes. ［　］

(3) Les lauréats du prix Goncourt des lycéens sont souvent les mêmes que ceux du prix Goncourt principal. ［　］

11 ≫ La majorité
onze

成人年齢

日本では 2022 年 4 月 1 日から成人年齢が 20 歳から 18 歳に引き下げられましたが，フランスではすでに約半世紀前の 1974 年に，21 歳から 18 歳に引き下げられています．飲酒・喫煙可能年齢については，日本では 20 歳のまま据え置かれていますが，フランスではもともと 16 歳から認められていて，2009 年に 18 歳に引き上げられました．ちなみに多くの国では 18 歳以上を成人とするのが主流ですが，中にはプエルトリコ Porto Rico のように 14 歳，ネパール Népal のように 16 歳という国もあります．またアラブ首長国連邦 Émirats arabes unis では 21 歳で法的には成人と認められますが，選挙権は 25 歳にならないと与えられません．このように，「成人」の定義をめぐる事情はさまざまです．

||| 読解のヒント |||

s'intéresser à〜（〜に興味がある）という表現の〈à〜〉を代名詞で受ける場合，後に物が来るときは y，人が来る場合は人称代名詞の強勢形を使います．Je m'intéresse *aux mathématiques.*（私は数学に興味がある）→ Je m'*y* intéresse. ; Je m'intéresse *à cet acteur.*（私はこの俳優に興味がある）→ Je m'intéresse *à lui.*

Depuis une cinquantaine d'années, l'âge de la majorité civile en France, c'est dix-huit ans.

C'était vingt et un ans jusqu'en 1974, année où Valéry Giscard d'Estaing[1] est devenu président de la République[5-1]. Baisser la majorité à dix-huit ans, c'était l'une de ses promesses électorales.

Cette année-là, tous les Français qui avaient entre dix-huit et vingt ans, c'est-à-dire deux millions et demi de jeunes, sont devenus majeurs. Ils devenaient plus autonomes, plus responsables. Désormais[2], et sans l'autorisation de leurs parents, ils pouvaient se marier, ouvrir un compte bancaire, obtenir un passeport, voyager à l'étranger…

Pourquoi VGE a-t-il changé l'âge de la majorité ?

À cette époque-là, dans les années 1960-1970, la société française changeait rapidement. Les jeunes aussi changeaient, réclamaient plus de liberté, étaient très engagés. Beaucoup se sont révoltés pendant Mai 68[3] : c'était une révolte universitaire, sociale et politique contre le pouvoir et les valeurs traditionnelles. Mai 68 a modernisé la société française.

Et puis, la France n'était pas en avance concernant l'âge de

1) **Valéry Giscard d'Estaing** フランスの第20代大統領 (1926−2020). しばしば « Giscard » または後に3回出てくる « VGE » というイニシャルで呼ばれる.

2) **Désormais** 現在または過去を起点として「これからは」「その時からは」の意を表す. ここでは成人年齢が引き下げられた1974年が起点.

3) **Mai 68** ド・ゴール政権下の1968年に起きた「5月危機」あるいは「5月革命」. 学生主導の抗議運動がゼネストにまで発展し, 翌年ド・ゴールは辞任に追い込まれた.

la majorité. Dans d'autres pays d'Europe, elle était déjà à dix-huit ans depuis plusieurs années.

Pour VGE, c'était aussi une façon de montrer à la jeunesse qu'il s'intéressait à elle. Mais, politiquement, c'était risqué pour lui et pour sa famille politique. En effet, l'âge du droit de vote 25 est aussi passé de vingt et un à dix-huit ans en 1974. Alors, pour qui allaient voter tous ces nouveaux jeunes électeurs, notamment à l'élection présidentielle suivante ?

VGE était un homme politique[9-5] de droite. Son adversaire au second tour de l'élection présidentielle, en 1974 et en 1981, 30 c'était François Mitterrand[4], un homme politique de gauche.

En 1974, VGE a été élu président[*5] avec 50,8 %[5] des voix. Mais en 1981, c'est Mitterrand qui a été élu, avec 51,8 % des voix... Si l'âge de la majorité civile et celui du droit de vote n'avaient pas changé, VGE aurait-il été réélu ? On ne le saura 35 jamais.

Aujourd'hui, certains[*8] demandent que les mineurs puissent voter dès l'âge de seize ans en France. C'est déjà le cas dans quelques pays, l'Autriche et Malte[6] par exemple.

. . . .

4) François Mitterrand フランスの第21代大統領 (1916−1996). 1981年から95年まで，2期14年にわたって大統領を務めた．

5) 50,8 % 読み方は cinquante virgule huit pour cent.

6) Malte 地中海中央部にある島国だが，定冠詞をつけない数少ない国名 (他に Cuba, Israël, Oman なども冠詞をつけない).

Exercices »

I 本文中で用いられている次の語の反対語（意味の上で対になる語）を書きなさい.

(1) majorité （　　　　　　） (2) autonome （　　　　　　）

(3) rapidement （　　　　　　） (4) avance （　　　　　　）

II 次の各文を （　　） 内の表現に続けて書き換えなさい.

(1) Il est devenu directeur général.（Il est étonnant que ～）

→

(2) Tu fais la cuisine toi-même.（Il vaudrait mieux que ～）

→

(3) La crise économique finit bientôt.（Je souhaite que ～）

→

III 次の要素を並べ替えて文を作りなさい（文頭に来るものも小文字で始めてあります. 平叙文では文末に point をつけること）.

(1) contre / le gouvernement / les étudiants / révoltés / se / sont

(2) à / beaucoup / ce / le Président / problème / s'intéresse

IV 次のフランス語の文がテキストの内容に一致している場合は○を，一致していない場合は×を ［　］ 内に記入しなさい.

(1) Jusqu'en 1974, les Français qui avaient moins de vingt et un ans ne pouvaient pas se marier, même avec l'autorisation de leurs parents. ［　］

(2) Le changement rapide de la société française dans les années 1960-1970 a été un des facteurs majeurs pour baisser la majorité à dix-huit ans. ［　］

(3) Dans tous les pays du monde, il faut avoir au minimum dix-huit ans pour voter. ［　］

12 » La charge mentale

douze

精神的負荷（シャルジュ・マンタル）

女性が仕事をもつことがあたりまえになった今日，同居するカップルが平等に家事を分担する習慣もかなり定着してきたように見えます．しかしながら，男性はあくまで「言われたことをする」レベルにとどまり，いつ，何を，どのようにするべきかという段取りを考えるのは相変わらず女性であるという現状は，あまり変わっていません．多くの女性が抱えているこの目に見えない精神的負荷は，charge mentale と呼ばれて1980年代から指摘されていましたが，近年あらためてクローズアップされています．2017年にはエンマ Emma というイラストレーターが « Fallait demander »（言ってくれればやったのに）という漫画をネット配信して評判になり，書籍化もされました．

読解のヒント

連続する文の先頭の語または語句を繰り返す技法を，修辞学用語で anaphore（首句反復，頭語反復）と言います．パリ解放時のドゴール将軍の演説，« *Paris*, *Paris* outragé ! *Paris* brisé ! *Paris* martyrisé ! mais *Paris* libéré ! »（パリ！　パリは辱められた！　パリは破壊された！　パリは犠牲となった！　しかしパリは解放された！）などが有名．

La charge mentale

Penser à laver le linge. Penser à emmener les enfants au cours de tennis demain, à 13h00. Penser à préparer un gâteau aux fraises pour le dessert de dimanche (ne pas oublier d'acheter des fraises au marché samedi !). Penser à prendre
5 rendez-vous chez le médecin. Etc. Etc.

Penser à tout, toujours, pour organiser la vie du foyer, c'est un poids psychologique. Cela s'appelle la « charge mentale domestique ». Elle est parfois très lourde, et elle peut provoquer une fatigue physique et psychologique, voire un burn-out[1].

10 La charge mentale domestique est ressentie essentiellement par les femmes qui sont en couple avec un homme[2], et elle est plus importante[3] quand il y a des enfants.

Attention, il ne faut pas confondre « organiser » et « réaliser » les tâches domestiques. Dans un couple, y compris[4]
15 si la réalisation des tâches domestiques est bien partagée, c'est la femme qui doit l'organiser.

Du point de vue de l'homme, la femme est la chef des tâches domestiques : c'est elle qui sait ce qu'il faut faire, qui lui dit ce qu'il doit faire et quand il doit le faire.

----

1) burn-out いわゆる「燃え尽き症候群」.
2) en couple avec un homme 同性のカップルももちろん存在するが，ここでは異性のカップルを想定している.
3) importante 「重要な」ではなく，数や程度が「大きい」ことを示す.
4) y compris 「…も含めて」の意の熟語表現で，前後に名詞が置かれることが多い（名詞が前置される場合はこれに性数が一致する）．名詞以外の要素も用いられることがあり，ここでは以下の文の内容がそれにあたる.

Cette charge mentale est avant tout cognitive[5]. Donc, elle ₂₀ ne se voit pas, elle est invisible. Et il semble que les hommes ne se rendent pas toujours compte qu'elle existe.

Bien entendu, ce n'est pas comme cela pour la totalité des couples en France, mais en général, si[6].

La charge mentale est une notion assez nouvelle. Les ₂₅ sociologues en parlent depuis les années 1980. Dans le débat sociétal en France, on en parle depuis moins d'une dizaine d'années. Et cette expression est entrée dans le dictionnaire seulement en 2020.

Cela peut expliquer pourquoi la charge mentale n'est pas ₃₀ encore bien comprise par tout le monde, notamment par beaucoup d'hommes. Mais quand ils découvrent cette notion, beaucoup disent qu'ils sont prêts à faire plus d'efforts.

Ainsi, pour résoudre le problème de la charge mentale domestique, il faudrait sensibiliser plus la société à cette ₃₅ question.

Également, pour ne pas souffrir à cause de la charge mentale, les femmes doivent lâcher prise[7] à la maison.

5) cognitive 「認識の」を表す学術用語だが，ここでは「心の中の」「表には現れない」といった ニュアンス．

6) si 前の ce n'est pas 〜という否定文に対して肯定の意を表す．

7) lâcher prise 「つかんでいたものを放す」の意から「戦うのをやめる」「あきらめる」．

Exercices »

I 次の動詞に対応する名詞を書きなさい.

(1) laver 　（　　　　　　　） (2) oublier 　（　　　　　　　）

(3) confondre （　　　　　　　） (4) découvrir （　　　　　　　）

II 次の（　　　）内に適切な前置詞を入れ、各文の意味を言いなさい.

(1) Je dois aller (　　　) le dentiste cet après-midi.

(2) (　　　) général, les Japonais sont très modestes.

(3) Vous devriez être plus sensible (　　　) cette question.

III 次の要素を並べ替えて文を作りなさい（文頭に来るものも小文字で始めてあります. 平叙文では文末に point をつけること）.

(1) compte / elle / la / mari / que / s'est rendu / son / trompait

(2) à / aider / je / prêt / suis / toujours / vous

IV 次のフランス語の文がテキストの内容に一致している場合は○を，一致していない場合は×を〔　〕内に記入しなさい.

(1) Organiser les tâches domestiques est plus facile que de les réaliser. 〔　〕

(2) Il y a beaucoup d'hommes qui ne s'aperçoivent même pas que les femmes souffrent de la charge mentale domestique. 〔　〕

(3) Pour résoudre le problème de la charge mentale domestique, les femmes devraient renoncer à persuader leur mari ou leur concubin. 〔　〕

13 ≫ Joséphine Baker
treize

ジョゼフィン・ベイカー

　パリのカルチエ・ラタンにあるパンテオンは著名人の霊廟（れいびょう）として有名で，ここに葬られることは国家によってその功績が最高の評価を得たことを意味します．そのため，これまでの顔触れは政治家，哲学者，作家，科学者などが多く，芸能人はひとりもいませんでした．しかし 2021 年，歌手でダンサーのジョゼフィン・ベイカーが初めてパンテオン入りとなり，大きな話題となりました．アメリカ出身の彼女は，芸能人としてだけでなく，黒人女性としても最初の例です．なお，2020 年には 19 世紀の詩人，アルチュール・ランボー Arthur Rimbaud とポール・ヴェルレーヌ Paul Verlaine のパンテオン入り案が浮上しましたが，いろいろな議論の末，結局立ち消えになったことがあります．

‖‖‖ 読解のヒント ‖‖‖

　本文の第 5 段落から第 8 段落までは，過去のことでも現在形で書かれていますが，これは過去のできごとを生き生きと表現するために用いられる「（歴）史的現在」présent historique と呼ばれる文体です．この教科書では他にもこの用法が見られますので，自分で確認してみてください．

13 » Joséphine Baker

Depuis la Révolution française, pour honorer des personnalités de l'histoire de France, on transfère leurs restes au Panthéon. Situé dans le Quartier latin, à Paris, il date de la fin du XVIIIᵉ siècle.

5   Parmi les panthéonisés[1], il y a des philosophes, des politiciens[(9-5)], des écrivains, des scientifiques, des résistants… Citons, par exemple, Voltaire, Jean Jaurès[2], Victor Hugo, Marie Curie, Jean Moulin[3].

Le 30 novembre 2021, Joséphine Baker a aussi été
10   panthéonisée.

Née aux États-Unis et décédée en 1975 à l'âge de soixante-huit ans en France, pays où elle a choisi de vivre et qui l'a adoptée[4], Joséphine Baker était une grande artiste, une star internationale du music-hall.

15   Venant d'une famille nombreuse et pauvre de Saint-Louis, dans le Missouri[5], elle travaille très jeune pour aider financièrement ses parents. Son rêve, c'est d'être danseuse – elle danse depuis toujours. Elle tente sa chance à Broadway, en vain.

Alors, quand on lui propose de participer à une revue[6] à
20   Paris, elle accepte. À dix-neuf ans, elle est la vedette de la *Revue*

1) panthéonisés panthéoniser（Panthéon に埋葬する）という動詞から作られた過去分詞・名詞で，「国家的栄誉を与えられた（人）」という象徴的な意味で用いられる.
2) Jean Jaurès フランスの政治家（1859−1914）．社会主義者として第一次世界大戦に反対の論陣を張るが，愛国主義者に暗殺された.
3) Jean Moulin フランスの政治家（1899−1943）．第二次世界大戦期にレジスタンスの指導者としてナチス・ドイツに抵抗した.
4) qui l'a adoptée adopter は「養子にする」という意味で，後の第 8 段落ではその意味で使われているが，ここでは「フランス国民として受け入れる」の意.

nègre[7]. Ce spectacle musical triomphe au théâtre des Champs-Élysées. Joséphine Baker devient une icône des Années folles[3-2].

Le 30 novembre 1937, elle obtient la nationalité française en épousant Jean Lion, son premier mari français. Pendant la Seconde Guerre mondiale, elle s'engage dans la Résistance française[8]. 25

Après la guerre, Joséphine Baker et Joe Bouillon, son nouveau mari, achètent le château des Milandes, en Dordogne[9]. Ils y vivent avec leurs douze enfants. Ces enfants, qu'ils ont adoptés, ont diverses origines, couleurs de peau, religions... Luis, né en Colombie, est catholique ; Akio, né au Japon, est 30 shintoïste ; Jarry, né en Finlande, est protestant... Le couple voulait montrer que l'on peut vivre en harmonie y compris[12-4] en étant très différents.

Cette conviction était fondamentale pour Joséphine Baker. Apeurée quand elle était enfant parce qu'elle était noire dans un 35 pays où il y avait la ségrégation raciale, elle a milité toute sa vie contre le racisme.

Symbole, entre autres, de la joie de vivre, de la tolérance, de la liberté et de l'égalité, Joséphine Baker a été la première femme noire à entrer au Panthéon. 40

---

5) Saint-Louis, dans le Missouri　アメリカ合衆国中西部，ミシシッピ河とミズーリ河の合流点に位置する都市．18 世紀にフランスの毛皮取引所が設けられたことから「聖王ルイ」にちなんだ名がつけられた．

6) revue　ここではもちろん「雑誌」ではなく，大衆的な娯楽演芸の「レヴュー」．

7) *Revue nègre*　1925 年に作られたアメリカ黒人 20 数名から成るレヴュー劇団．ここでデビューしたジョゼフィン・ベイカーは「黒いヴィーナス」Vénus noire と呼ばれて大人気を博した．

8) Résistance française　第二次世界大戦中のドイツ占領軍に対する抵抗運動（およびその組織）．この意味で用いられる場合は大文字で始める．

9) Dordogne　フランス南西部の県．洞窟壁画で有名なラスコー Lascaux はここにある．

Exercices »

I 次の国名に対応する形容詞の男性単数形を書きなさい.

(1) États-Unis (   )   (2) Colombie (   )

(3) Finlande (   )   (4) Allemagne (   )

II 次の各文の下線部をジェロンディフにして全文を書き換えなさい.

(1) Il étudie la philosophie, et il voudrait devenir professeur.

→

(2) Elle s'est cassé la jambe pendant qu'elle faisait du ski.

→

(3) Il avait de la fièvre, mais il n'a pas cessé de travailler.

→

III 次の要素を並べ替えて文を作りなさい（文頭に来るものも小文字で始めてあります. 平叙文では文末に point をつけること）.

(1) à / ai proposé / de / je / lui / notre / participer / projet

(2) avec / en / harmonie / ils / leurs / vivre / voisins / voudraient

IV 次のフランス語の文がテキストの内容に一致している場合は○を, 一致していない場合は×を ［ ］内に記入しなさい.

(1) Le Panthéon à Paris accueille les restes de personnalités célèbres depuis la fin du XVIIIᵉ siècle. ［   ］

(2) Joséphine Baker est devenue vedette du music-hall comme danseuse à Broadway. ［   ］

(3) Ayant milité contre la ségrégation raciale, Joséphine Baker a été la première femme à être panthéonisée. ［   ］

14 » La cohabitation intergénérationnelle

quatorze

異世代同居

実家を離れて都会暮らしをする若者たちは，以前は個人的に下宿したり賃貸のアパートを借りたりするのが一般的でしたが，経済的理由から，あるいは孤独を避けたいという理由から，シェアハウスやルームシェアといった形を選択する例も増えています．そうした中，フランスで最近注目されるようになったのが，「異世代同居」と呼ばれる形です．住居に余裕のあるシニア世代の人たちが，住居を探している若者に部屋を提供し，双方の合意のもとに生活面でもさまざまな協力をしあうこの制度は，人間関係がうまくいきさえすれば，住居難を解消するだけでなく，異なる世代間のコミュニケーションを促進する意味でも，きわめて有効な方法と言えるでしょう．

‖‖‖ 読解のヒント ‖‖‖

　面積を表す「平方」はcarréと言い，長さを表す単位の後に形容詞として付け加えます．Je cherche un appartement de plus de cent mètres *carrés*. （私は百平方メートル以上のアパルトマンを探している）単位で表記されているときはcm² = centimètre(s) carré(s)，m² = mètre(s) carré(s)，km² = kilomètre(s) carré(s)と読みます．

Les loyers, notamment en ville, sont souvent chers. Et si on habite seul, le logement est souvent petit. C'est pourquoi beaucoup de jeunes en France, étudiants ou travailleurs, font de la colocation : à plusieurs[1] (deux, trois, quatre…), ils partagent
5 un appartement ou une maison.

Pour le même prix[2], voire pour moins cher, la colocation permet d'avoir un logement plus grand. Et si on n'aime pas la solitude, c'est bien de vivre avec d'autres personnes, notamment quand on part de chez ses parents pour aller étudier ou
10 travailler dans une ville où l'on[3] ne connaît personne.

Ces dernières années, l'idée de partager un logement est en train de s'étendre dans la société française. En effet, d'un côté[4-4], de nombreux jeunes cherchent un logement et, d'un autre côté, de nombreux seniors, qui sont insatisfaits de vivre
15 seuls, ont une chambre libre chez eux.

Alors, logiquement, des associations ont eu une bonne idée : proposer à un senior d'accueillir un jeune chez lui. Cela s'appelle la cohabitation intergénérationnelle. Cette cohabitation implique[4] des règles et des engagements.

20 Pour éviter les désaccords, les associations écrivent un

1) **à plusieurs** この à はある行為をおこなう人数を表す. Ils sont venus à trois. 彼らは3人で来た.
2) **Pour le même prix** この pour は代価について「いくらで」「…を支払って」の意を表す.
3) **l'on** on が et, où, ou, que, si などの後に来るときは l'on と書くことがある. ただし l' の使用は任意なので, 少し前の si on n'aime pas... では on のままになっている.
4) **implique** 当然のこととして「含む」「想定する」の意.

contrat. Bien sûr, ce contrat est adapté à la situation et aux souhaits du jeune et du senior. Mais il y a quelques conditions *sine qua non*[*10].

Le senior doit avoir plus de soixante ans et proposer au jeune une chambre de 9 m² minimum. Il doit aussi l'autoriser à 25 utiliser librement les parties communes : cuisine, salle de bain, toilettes…

Le jeune, lui, doit avoir moins de trente ans. Il doit passer du temps à la maison et aider le senior dans la vie quotidienne, par exemple en faisant les courses ou du ménage. Également, le 30 senior peut lui demander un peu d'argent.

Pour le jeune, comme pour le senior, c'est gagnant-gagnant[5]. La cohabitation intergénérationnelle, c'est une réponse intelligente à la crise du logement. Ce principe de solidarité entre générations peut aussi être une expérience humaine 35 enrichissante.

Et vous, est-ce que vous partageriez votre vie quotidienne avec une personne d'une autre génération dans une cohabitation intergénérationnelle ?

....

5) gagnant-gagnant　両者ともに利益があること. 英語の win-win.

Exercices »

I 家の中で，一般に次の行為をするための場所をフランス語で書きなさい.

(1) se coucher （　　　　　） (2) dîner （　　　　　）

(3) regarder la télé（　　　　　） (4) écrire une lettre（　　　　　）

II 次の各文の下線部を主語にして，全体をほぼ同じ意味の文に書き換えなさい.

(1) À Tokyo, le loyer est plus cher qu'à Paris.

→

(2) Ce vin-ci est moins bon que ce vin-là.

→

(3) Geneviève joue du piano mieux que Françoise.

→

III 次の要素を並べ替えて文を作りなさい（文頭に来るものも小文字で始めてあります. 平叙文では文末に point をつけること）.

(1) de / en / est / il / préparer / son / train / voyage

(2) à / autorisé / je / l'ai / mon / ordinateur / personnel / utiliser

IV 次のフランス語の文がテキストの内容に一致している場合は○を，一致していない場合は×を ［　］内に記入しなさい.

(1) La colocation est un moyen d'éviter la solitude pour les jeunes gens qui vont étudier ou travailler dans une ville inconnue.［　］

(2) Les seniors qui ont moins de soixante ans ne peuvent pas passer un contrat de cohabitation intergénérationnelle. ［　］

(3) La cohabitation intergénérationnelle est intéressante non seulement pour les jeunes mais aussi pour les seniors. ［　］

La chasse

quinze

狩猟

古くは生活維持のために必須の営みであった狩猟も，牧畜の普及とともにその性格を変え，次第に趣味のひとつになっていきました．食用の猟肉（ジビエ gibier）が食卓にのぼることも少なくないフランスには，現在，狩猟免許をもつハンターがヨーロッパ最多の約 100 万人存在すると言われていて，2021 年 9 月に Conseil d'État（国務院，行政訴訟における最高裁判所に相当）が伝統的な鳥猟を禁止したときには大規模な抗議デモが起こりましたが，それでも日常的に事故が多発しており，議論が絶えません．2022 年2 月には 17 歳の少女が発砲した流れ弾でハイキング中の女性が死亡する事故があって，狩猟規制の強化は同年 4 月におこなわれた大統領選挙の争点のひとつにもなりました．

||| 読解のヒント |||

　フランス語の分数 (fraction) は，1/2 が un demi，1/3 が un tiers，1/4 が un quart となり，1/5 からは un cinquième のように分母を序数で表します．また，分子が 2 以上になると分母は複数形になります．3/4 = trois quarts ; 4/5 = quatre cinquièmes. なお、全体の「半分」を表す場合は la moitié がよく使われます．

15 » La chasse

quinze

Pendant la préhistoire, chasser était une nécessité pour les humains, notamment pour se nourrir. Ils chassaient aussi les animaux pour leurs peaux, leurs fourrures, leurs cornes, leurs os, pour s'habiller ou construire des outils, par exemple.

5 Il y a dix mille ans environ, avec la sédentarisation des humains, l'importance de la chasse a diminué. En effet, pour se nourrir, ils pouvaient faire de l'élevage d'animaux. Déjà, à ce moment-là, la chasse était parfois un simple passe-temps. Et depuis le Moyen Âge[1] jusqu'à nos jours, elle est devenue 10 essentiellement un loisir.

Aujourd'hui, chasser n'est plus une nécessité alimentaire en France et la chasse a une mauvaise image auprès des Français. Selon une étude de l'Ipsos[2] de 2021, seuls 20 % y sont[*4] favorables, un tiers y sont indifférents et la moitié y sont 15 opposés.

Le débat sur la chasse est très ancien dans la société française et c'est un sujet récurrent dans l'actualité.

La chasse est autorisée plusieurs mois dans l'année et, pour ses opposants, c'est trop long. De plus, les jours de chasse 20 correspondent souvent à des périodes où les familles souhaitent

....

1) Moyen Âge　ヨーロッパの中世を指す場合は，ふつう両方の単語とも大文字で始める.
2) Ipsos　パリに本社を置く市場調査コンサルティング会社. 1975 年設立.

se promener dans la nature. Donc, certains voudraient interdire la chasse pendant les week-ends et les vacances scolaires.

Les opposants à la chasse dénoncent aussi un paradoxe : beaucoup d'animaux chassés ne sont pas sauvages ; ce sont des animaux d'élevage qui sont lâchés dans la nature ! Ces animaux 25 sont vulnérables, car ils ne peuvent pas se nourrir ni se protéger seuls.

Ils ont de nombreux autres arguments : la cruauté de la chasse, la nécessité de protéger les espèces menacées, etc. Mais leur argument massue[3], c'est la dangerosité des armes de chasse. 30 Chaque année, elles provoquent des dizaines d'accidents, dont[4] plusieurs mortels. La majorité des victimes, ce sont les chasseurs eux-mêmes, mais certaines victimes étaient simplement en train de faire une promenade en forêt.

Alors, pourquoi la chasse perdure-t-elle en France ? 35

Même si la majorité des Français sont contre la chasse, seule la loi peut la réguler. Des citoyens et des associations essaient de faire pression sur les politiques, mais c'est difficile, car le lobby de la chasse est puissant.

. . . .

3) argument massue 「議論を終わらせるような主張」「有無を言わせぬ論拠」. massue は「先が太い棍棒」の意で、〈coup de massue〉で「棍棒の一撃」「決定的な一撃」を表す.

4) dont 前の名詞を受けて「そのうちの…」を示す用法.

Exercices ≫ _____

I 次の名詞に対応する形容詞の男性単数形を書きなさい.

    (1) nécessité　（　　　　　　）　(2) actualité　　（　　　　　　）

    (3) cruauté　（　　　　　　）　(4) dangerosité （　　　　　　）

II 次の各文の下線部を y で受けて書き換えなさい.

    (1) Je n'ai pas encore répondu à sa lettre.

       →

    (2) Pensez-vous souvent à votre avenir ?

       →

    (3) Ils aiment beaucoup se promener dans la forêt.

       →

III 次の要素を並べ替えて文を作りなさい（文頭に来るものも小文字で始めてあります. 平叙文では文末に point をつけること）.

    (1) a / auprès / des / Français / japonaise / la culture / une bonne image

    (2) a eu / cette / dans / il / mortel / rue / un accident / y

IV 次のフランス語の文がテキストの内容に一致している場合は○を, 一致していない場合は×を [　] 内に記入しなさい.

    (1) La chasse est devenue moins importante pour les humains depuis qu'ils ont commencé à se sédentariser. [　]

    (2) Beaucoup des animaux chassés en France sont des animaux d'élevage.　　　　　　　　　　　　　　　　　[　]

    (3) Malgré la dangerosité de ses armes, il est difficile d'interdire la chasse à cause de son lobby très puissant. [　]

Les jeux vidéo

ビデオゲーム

　デジタル化によるテクノロジーの急速な進歩は，私たちの生活に根本的な変化をもたらしています．そのひとつは，多くの活動がヴァーチャルな形で実現できるようになったことでしょう．新型コロナウイルスの感染拡大によって自宅滞在時間が大幅に増えたことも，この流れに拍車をかけました．特に若者たちはビデオゲームの世界に没入するあまり，現実的感覚を失いつつあるのではないかと危惧する声も聞かれます．多くの仕事や会議，さらには飲み会までもがオンラインでできるようになった現在，さまざまな活動がパソコンやスマホの画面の中で完結する傾向は今後もますます進むと思われますが，その先に待ち受けているのはどんな世界なのでしょうか．

‖‖読解のヒント‖‖

　lequel (laquelle, lesquels, lesquelles) は主格の関係代名詞quiの代わりに用いられることがありますが，普通は公文書の中や，あいまいさを避けて受ける対象を明確にする場合に限られます．J'ai rencontré hier la mère de Paul, *lequel* vient de rentrer du Japon.（昨日ポールのお母さんに会いました．ポールは日本から帰国したばかりです）

16 ≫ Les jeux vidéo

seize

Depuis l'invention des premiers outils en pierre ou en os, et jusqu'à aujourd'hui, l'humain a toujours essayé de développer sa technologie. Ces dernières décennies, ce développement est de plus en plus rapide. Mais est-ce que toujours plus de
5 technologie est la meilleure chose pour l'humain ?

À cause de la Covid-19(2-6), la population en France a été confinée deux fois en 2020 et une fois en 2021. Cela représente[1] un total de quatre mois et quelques jours. C'est long !

Heureusement, grâce au numérique(2-5), les gens pouvaient
10 faire de nombreuses activités, virtuellement bien sûr : visiter des musées, rencontrer des amis, faire du shopping... Également, beaucoup de personnes, en particulier des jeunes, se connectaient au monde virtuel de leur jeu vidéo préféré : *Animal Crossing, Fortnite, Minecraft...*[2]

15 Les mondes virtuels des jeux vidéo sont de plus en plus élaborés et les utilisateurs peuvent y faire toujours plus d'activités. Le secteur de la culture l'a bien compris. C'est pourquoi il investit dans ce domaine et fait des collaborations avec les plates-formes[3] de jeu vidéo.

20 L'industrie musicale est un bon exemple de ce phénomène. Ainsi, beaucoup de stars ont déjà donné des concerts virtuels

1) **représente** 数字などが「…に相当する」の意.
2) *Animal Crossing, Fortnite, Minecraft...* いずれも大人気を博したオンラインゲームで，順に「どうぶつの森」「フォートナイト」「マインクラフト」.
3) **plates-formes** ここではオンラインのゲームやコンサートの場となるサービスや動作環境を指す.
4) **Travis Scott** アメリカのラップ歌手（1991－　）
5) **Aya Nakamura** アフリカのマリ出身の歌手（1995－　）．Nakamura は芸名で，日本人の血は入っていない.

sur de telles plates-formes : l'Américain Travis Scott[4], la Franco-Malienne Aya Nakamura[5], le Japonais Gen Hoshino, le Brésilien Emicida[6]...

La dématérialisation des concerts, lesquels sont vus par des 25 millions de personnes dans le monde entier, c'est très lucratif. Pour l'industrie musicale et pour celle du jeu vidéo, c'est gagnant-gagnant[(14-5)].

Les concerts virtuels dans des jeux vidéo, ce n'est pas nouveau. U2[7] en donnait déjà un dans *Second Life*[8] en 2008. 30 Toutefois, ce mélange entre culture et mondes virtuels de jeux vidéo est actuellement en expansion.

Certains[(*8)] sont enthousiastes devant cette modernité. D'autres, des sociologues par exemple, sont dubitatifs, voire inquiets. En effet, ils se demandent si la culture virtuelle va faire 35 disparaître la culture traditionnelle.

Les écrans sont omniprésents dans nos vies. Alors, va-t-on continuer à aller – physiquement – au concert, au cinéma, au musée… ? Les générations des baby-boomers, X, Y[(2-2)], oui, sans doute. Mais qu'en est-il des[9] générations suivantes : Z, Alpha, 40 Bêta ?

---

6) Emicida　ブラジルのラップ歌手（1985－　）.

7) U2　アイルランドのロックバンド．40年以上の活動歴をもち，メッセージ性の強い作品が多い．

8) *Second Life*　インターネット上の3D仮想世界．さまざまなデジタル・コンテンツをオンラインで制作・表現することができる．

9) qu'en est-il des...　〈il en est ～ de...〉（…については～である）の「～」を que に置き換えて疑問文にした形．*Il en est* ainsi *du* Japon.（日本についてはこんな状態です）→ *Qu'en est-il du* Japon ?（日本についてはどんな状態ですか？）

Exercices » _____

I 期間を表す次の名詞に対応する形容詞の男性単数形を書きなさい.

    (1) jour　（　　　　　　）　　(2) semaine　（　　　　　　）

    (3) mois　（　　　　　　）　　(4) année　　（　　　　　　）

II 次の各文を指示に従ってほぼ同じ意味の文に書き換えなさい.

    (1) La pluie les a empêchés de sortir.

    （À cause de ～で始めて）→

    (2) Internet nous permet de nous communiquer facilement.

    （Grâce à ～で始めて）→

    (3) Grâce à votre aide, j'ai pu achever ma thèse de doctorat.

    （動詞 permettre を用いて）→

III 次の要素を並べ替えて文を作りなさい（文頭に来るものも小文字で始めてあります. 平叙文では文末に point をつけること）.

    (1) a choisi / ce / c'est / chinois / il / pourquoi / restaurant

    (2) achètera / cette / elle / je / me demande / robe / si

IV 次のフランス語の文がテキストの内容に一致している場合は○を，一致していない場合は×を［　］内に記入しなさい.

    (1) En France, le confinement à cause de la Covid-19 a duré plus de cinq mois en 2020. ［　］

    (2) *Animal Crossing* est un des jeux vidéo préférés des jeunes Français qui aiment se connecter au monde virtuel. ［　］

    (3) Il y a des gens qui s'inquiètent de la disparition de la culture traditionnelle à cause de l'expansion de la culture virtuelle. ［　］

17 ≫ La Martinique
dix-sept

マルティニーク

MARTINIQUE

　フランスの領土には本土以外にも5つの海外県（départements et régions d'outre-mer, DROM）と5つの海外自治体（collectivités d'outre-mer, COM）が含まれますが，カリブ海に浮かぶ小アンティル諸島のマルティニーク島はそのひとつです．政治家でもあった作家のエメ・セゼール Aimé Césaire（1913 – 2008）はこの島の出身で，植民地主義を批判する立場から黒人の自覚を促すネグリチュード négritude 運動を唱道しました．他にも日本で作品が翻訳されている重要な作家や思想家は少なくありません．また『マルチニックの少年』（フランス語の原題は *Rue Cases-Nègres*, 1983）という映画が1985年に日本でも公開されています．

―――|||読解のヒント|||―――

　jusqueという前置詞はàとともにjusqu'à～という形で用いられるケースが多くを占めますが，それ以外の前置詞とともに用いられることもあります．La guerre a duré *jusqu'en* 1945.（戦争は1945年まで続いた）；Je l'ai attendue *jusque vers* minuit.（私は深夜近くまで彼女を待った）

17 » La Martinique

La Martinique est une île française située dans l'archipel des Antilles[1], dans la Caraïbe[2]. Il y a un peu plus de trois cent cinquante mille habitants sur cette île. Sa superficie est presque identique à celle de l'île d'Okinawa.

5   La Martinique a une forme allongée. Son point culminant, mille trois cent quatre-vingt-dix-sept mètres, s'appelle la montagne Pelée. C'est un volcan actif qui occupe toute la partie nord de l'île.

La ville martiniquaise la plus ancienne[*20], c'est Saint-Pierre.
10 Elle a été fondée en 1635. Elle est située au bord de la mer, au pied de la montagne Pelée. Jusqu'en 1902, c'était la capitale économique et culturelle non seulement de la Martinique, mais aussi des Antilles françaises.

On la surnommait le « Petit Paris ». C'était une ville très
15 moderne, aussi développée que celles de France métropolitaine[3]. Par exemple, déjà en 1900, elle avait un réseau d'éclairage électrique[4]. À ce moment-là, Saint-Pierre comptait vingt-six mille Pierrotins – c'est le gentilé[5] de ses habitants.

En 1902, Saint-Pierre a été entièrement détruite lors de
20 l'éruption de la montagne Pelée. Il n'y a eu que deux survivants.

1) archipel des Antilles　西インド諸島の主要部をなすカリブ海の諸島. このうちマルティニーク島を含むフランス領の島々を Antilles françaises と言う.
2) la Caraïbe　カリブ地域全体の総称. 「カリブ海」は la mer des Caraïbes と言う.
3) France métropolitaine　植民地 colonie に対して「フランス本土」を指す. 本文最後の métropole も同義.
4) éclairage électrique　パリで電気照明が普及したのは 19 世紀末のことであった. 1 課参照.
5) gentilé　ある土地の住人を表す名詞. たとえば Japonais は Japon の, Parisien は Paris の gentilé である.

Depuis cette catastrophe et jusqu'à aujourd'hui, la ville principale de la Martinique, c'est Fort-de-France. Saint-Pierre a été en partie reconstruite. Elle compte aujourd'hui quatre mille habitants environ.

La population martiniquaise est très métissée. Ses origines sont très diverses : d'Abya Yala[6], d'Europe, d'Asie... et surtout d'Afrique. En effet, c'est le continent africain qui a le plus contribué[7] à ce métissage. Cela s'explique par l'histoire de l'île, notamment celle de l'esclavage.

Quand les Français sont arrivés en Martinique pour en faire une colonie sucrière[8], la quasi-totalité des Amérindiens qui y vivaient ont été décimés ou ont fui.

Et dès le XVIIᵉ siècle[*1], des dizaines de milliers d'esclaves noirs africains y ont été amenés de force, via l'Hexagone[8-2] et les ports de Bordeaux, Nantes et La Rochelle, pour travailler dans les plantations de cannes à sucre.

Officiellement, Louis X[9] avait pourtant aboli l'esclavage dans le royaume de France en 1315. Mais en 1642, Louis XIII l'a autorisé dans les Antilles françaises – pas en métropole.

....

6) **Abya Yala** 「成熟した土地」の意で，アメリカ大陸を指す．Amérique という言葉が南米大陸を探検した Amerigo Vespucci に由来することを受け入れない先住民が，1992 年に自分たちの土地を指す言葉として採用することを決めた呼び方．

7) **qui a le plus contribué** qui a beaucoup contribué を最上級にした形．

8) **en faire une colonie sucrière** 〈faire A de B〉(B を A にする) の 〈de B〉を en で受けた構文．

9) **Louis X** 国王の代を表すローマ数字は「一世」のみ premier と読み，それ以外は数字をそのまま読む．

Exercices » _____

I 次の地域や都市の gentilé（住人を表す名詞）の男性単数形を書きなさい.

(1) Europe　（　　　　　　　　） (2) Asie　（　　　　　　　　）

(3) Bordeaux（　　　　　　　　） (4) Nantes　（　　　　　　　　）

II 次の各文を指示に従って書き換えなさい.

(1) Le tremblement de terre a détruit la ville entière.

（受動態に）→

(2) Le gouvernement va restaurer ce vieux château.

（受動態に）→

(3) Cette école a été fondée en 1951.

（能動態に）→

III 次の要素を並べ替えて文を作りなさい（文頭に来るものも小文字で始めてあります. 平叙文では文末に point をつけること）.

(1) ancienne / c'est / cette / de / la cathédrale / la plus / région

(2) cette / cinquante / compte / habitants / mille / ville

IV 次のフランス語の文がテキストの内容に一致している場合は○を，一致していない場合は×を ［　］内に記入しなさい.

(1) La montagne Pelée est un volcan actif dont le sommet est le plus haut de la Martinique. ［　］

(2) L'origine principale de la population martiniquaise est africaine, ce qui s'explique notamment par l'histoire de l'esclavage. ［　］

(3) Au XVIIe siècle, Louis XIII a rétabli dans toute la France l'esclavage que Louis X avait aboli au XIVe siècle. ［　］

L'activité physique et la santé

運動と健康

　スポーツが好きな人も苦手な人もいると思いますが，適度に体を動かすことが健康増進やストレス解消に役立ち，頭の働きにも心の安定にもいい影響を与えることは間違いありません．特に生活習慣病を防ぐためには，毎日少しずつでも運動することが必須の条件とされています．しかし理屈ではわかっていても，実際に続けるとなるとなかなかむずかしいと感じている人は少なくないでしょう．新型コロナウイルスの影響で自宅にこもる時間が長くなったせいで，戸外でスポーツをする機会も少なくなってしまいましたが，室内でもできる運動はいろいろありますし，ネットにもそうした動画が何種類もありますから，これを利用してみるのもひとつの方法かもしれません．

▐▌▌ 読解のヒント ▐▌▌

　jouer という動詞は，後に前置詞 à を伴うと「…をして遊ぶ」，de を伴うと「（楽器を）演奏する」という意味になります．Nous avons *joué au* tennis cet après-midi.（私たちは今日の午後テニスをしました）；Elle sait très bien *jouer du* violon.（彼女はヴァイオリンがとても上手だ）

18 » L'activité physique et la santé

Être en forme, se muscler, passer du temps avec des amis, perdre du poids… Il y a diverses motivations possibles pour faire du sport.

Mais il y a des personnes qui n'en font jamais. Certaines(*8)
5 ne peuvent pas, pour des raisons médicales, par exemple. D'autres ne veulent pas : elles n'aiment pas ça. Pour ces dernières(1-6), c'est dommage, car - tout le monde le sait - l'activité physique, c'est bon[1] pour la santé.

En effet, on se sent mieux après une séance d'exercice
10 physique : plus détendu, de meilleure humeur[2]. Bouger, c'est aussi un bon moyen pour évacuer le stress : si vous êtes stressé, allez faire quinze minutes de marche rapide. Vous verrez, vous serez plus décontracté ensuite.

Si on pratique une activité physique occasionnellement,
15 c'est déjà bien. Mais c'est la pratique régulière qui est recommandée. En effet, elle réduirait considérablement le risque d'avoir certaines maladies : dépression, ostéoporose, AVC, diabète[3]…

L'activité physique a donc des influences positives sur le
20 corps et sur le moral[4]. Selon des scientifiques, elle en aurait

---

1) **c'est bon** ce は直前の女性名詞 (l'activité physique) を受けているが, 属詞となる形容詞は常に男性形に置く.
2) **de meilleure humeur** 〈être de bonne humeur〉 (機嫌がいい) という熟語表現を比較級にした形.
3) **dépression, ostéoporose, AVC, diabète** 順に「鬱病」「骨粗鬆症」「脳卒中 (Accident Vasculaire Cérébral)」「糖尿病」.
4) **le moral** 「道徳」= la morale との意味の違いに注意.

aussi sur le cerveau : une activité physique courte, mais intense, améliorerait les performances cognitives, notamment les fonctions exécutives[5].

Les fonctions exécutives incluent, par exemple, la planification, la mémoire de travail, le raisonnement abstrait... 25 Elles sont nécessaires quand nous voulons, par exemple, apprendre à jouer de la guitare, résoudre un problème de mathématiques, cuisiner une recette pour la première fois...

Les scientifiques ignorent encore beaucoup de choses sur le fonctionnement du cerveau. Bien sûr, ils ont déjà fait 30 beaucoup de recherche pour étudier l'influence de l'activité physique sur le cerveau. Mais la science n'a pas encore répondu à toutes les questions.

En attendant d'autres avancées scientifiques, on peut suivre les recommandations officielles de l'Organisation mondiale de la 35 santé[6] pour la quantité d'activité physique : une heure de sport par jour pour les enfants, et trente minutes cinq jours par semaine pour les adolescents et les adultes, au minimum.

Alors, pour votre bien-être, mettez vos baskets !

. . . .

5) fonctions exécutives　さまざまな活動を実践する機能. 具体的には次の段落に説明がある.
6) Organisation mondiale de la santé　世界保健機関（英語の WHO）. フランス語では OMS と略される.

Exercices »

本文中で用いられている次の形容詞の反対語（意味の上で対になる語）の男性単数形を書きなさい.

    (1) physique （   ）   (2) régulier （   ）

    (3) positif   （   ）   (4) abstrait （   ）

次の下線部の動詞を指定された形にして （   ）内に入れ，各文の意味を言いなさい.

    (1) Si je savoir （   ）（直説法半過去）conduire, je t'accompagner
        （   ）（条件法現在）à l'aéroport.

    (2) Un verre de vin vous faire （   ）（条件法現在）du bien.

    (3) Vous devoir （   ）（条件法過去）me le dire plus tôt.

次の要素を並べ替えて文を作りなさい（文頭に来るものも小文字で始めてあります. 平叙文では文末に point をつけること）.

    (1) en / forme / le champion / n'est / pas / pleine

    (2) à / apprendre / du / je / jouer / piano / voudrais

次のフランス語の文がテキストの内容に一致している場合は○を，一致していない場合は×を ［ ］内に記入しなさい.

    (1) Il y a ceux qui ne font jamais de sport pour des raisons médicales, mais il y en a aussi qui n'aiment simplement pas bouger. ［ ］

    (2) Même la pratique occasionnelle de l'activité physique réduirait considérablement le risque de tomber malade. ［ ］

    (3) Selon l'Organisation mondiale de la santé, il est recommandé pour les adultes de faire une demi-heure de sport chaque jour.［ ］

Les oiseaux et la biodiversité

19
dix-neuf

鳥類と生物多様性

人間の生産活動が地球全体を覆うようになった近年の状況を指して「人新世（じんしんせい・ひとしんせい」Anthropocène という地質学上の言葉が使われるようになっていますが，その大きな特徴は，生物多様性に及ぼされる深刻な影響です．この兆候は鳥類の分布にも表れていて，都市部における産業の拡大が生態系に大きな変化をもたらしていることが明らかになっています．これは単に鳥類を保護すれば済むという問題ではなく，地球環境全体の問題としてとらえるべきでしょう．SDGs（sustainable development goals，フランス語では objectifs de développement durable，ODD）が全世界で共有されつつある現在，避けては通れない課題がここにもあります．

読解のヒント

数量の増減を表す動詞（augmenter，diminuer，etc.）は，前置詞deの後に数値や割合を示すことによってその程度を表すことができます．La population de cette ville *a augmenté de* 3 % cette année.（この町の人口は今年3パーセント増えた）；J'ai *maigri de* deux kilos.（私は2キロやせた）

19 » Les oiseaux et la biodiversité

Pour se connecter avec la nature, beaucoup de citadins aiment aller dans les parcs. Ils s'y promènent, y pique-niquent, s'y reposent à l'ombre d'un arbre…

C'est aussi pour eux l'occasion d'apercevoir des animaux
5 sauvages. Malheureusement, il y en a de moins en moins, et pas seulement dans les villes. À la campagne aussi, petit à petit, ils disparaissent.

C'est essentiellement à cause des activités humaines : depuis le début de la révolution industrielle, au XVIIIᵉ siècle^(*1),
10 elles ont de graves conséquences sur la biodiversité.

L'avifaune¹⁾ est un bon indicateur de l'état de la biodiversité : s'il y a beaucoup d'oiseaux quelque part, cela signifie que l'environnement y est bon ; l'inverse est vrai aussi.

En France, le nombre d'oiseaux a baissé de 30 % en trente
15 ans²⁾. De plus, ces dernières années, un tiers des espèces d'oiseaux les plus communes en France sont^(*15) en déclin. C'est colossal.

D'un autre côté⁽⁴⁻⁴⁾, c'est vrai que, pour certaines espèces, le nombre d'individus³⁾ augmente. Mais c'est une fausse bonne

---

1) avifaune　ある地域に棲息する動物の種類を表す faune にラテン語の avis（鳥）を接頭語としてつけた単語.「鳥相」.
2) en trente ans　〈en ＋時間〉は「…の間に」「…で」の意.〈dans ＋時間〉は「…後に」の意なので混同しないこと.
3) individus　ここでは「個人」ではなく, 動物の「個体」の意.

nouvelle. En effet, il s'agit d'oiseaux généralistes[4], c'est-à-dire des oiseaux qui peuvent s'adapter à tous les milieux. Leur nombre augmente car ils prennent la place des oiseaux spécialistes. Cela provoque une uniformisation de la biodiversité.

Mésanges, moineaux, pies, hirondelles… Quoi de plus beau[5] que le chant des oiseaux ? Malheureusement, l'entendre en ville est un privilège de plus en plus rare, car il y a de moins en moins d'oiseaux en ville. Parmi les nombreuses causes, il y a la pollution sonore.

En effet, les oiseaux communiquent entre eux grâce à leurs chants. Mais, à cause du bruit ambiant, ils doivent chanter plus fort, voire modifier leurs chants. Cela perturbe beaucoup leur communication, et donc leur vie : trouver un partenaire, délimiter un territoire, repérer un danger, s'occuper de leurs oisillons… Tout devient plus difficile pour eux.

Si vous habitez en ville, vous pouvez aider à préserver les oiseaux, par exemple en installant un nichoir à l'extérieur de votre domicile.

---

4) **il s'agit d'oiseaux généralistes** 〈il s'agit de 〜〉は「(ここで言われているのは) …のことである」の意. oiseaux généralistes はどんな環境にも適応して繁殖できる鳥類のことで, これに対して特定の環境でないと繁殖できない鳥類が, すぐ後に出てくる oiseaux spécialistes.

5) **Quoi de plus beau** 〈quoi de + 形容詞男性単数形〉で「何か … なこと」. Quoi de nouveau ?（何か変わったことは？）ここでは反語的に「…ほど美しいものがあるだろうか？」の意.

Exercices »————————————————————————

Ⅰ 次の動詞の過去分詞（男性単数形）を書きなさい.

    (1) apercevoir （   ） (2) disparaître （   ）

    (3) prendre   （   ） (4) devenir   （   ）

Ⅱ 次の各文の下線部を y または en で受けて書き換えなさい.

    (1) Je voudrais me reposer un peu dans le salon.

        →

    (2) Il y a de plus en plus de jeunes qui ne lisent pas les journaux.

        →

    (3) Il est rare de voir des personnes qui ne portent pas de masque en ville.

        →

Ⅲ 次の要素を並べ替えて文を作りなさい（文頭に来るものも小文字で始めてあります. 平叙文では文末に point をつけること）.

    (1) de / des / 2 % / légumes / les prix / ont baissé

    (2) agréable / de / la sieste / plus / que / quoi / ?

Ⅳ 次のフランス語の文がテキストの内容に一致している場合は○を，一致していない場合は×を［　］内に記入しなさい.

    (1) S'il n'y a pas beaucoup d'oiseaux quelque part, cela signifie que l'environnement n'y est pas bon. ［　］

    (2) L'augmentation du nombre d'oiseaux généralistes est un indice de l'amélioration de la biodiversité. ［　］

    (3) La pollution sonore est une des causes qui provoquent la diminution du nombre d'oiseaux en ville. ［　］

Le cimetière du Père-Lachaise

ペール＝ラシェーズ墓地

墓地というと陰気で暗いイメージをもつ人が多いかもしれませんが，フランスの墓地はむしろ緑の多い明るい公園という感じで，散歩や観光で訪れる人も少なくありません．パリの東部にあるペール＝ラシェーズ墓地は市中最大の面積をもち，数多くの作家・芸術家・政治家などのお墓があるため，有名人詣でを目的に訪れる人々で毎日にぎわっています．本文に出てこない名前としては，作家のマルセル・プルースト Marcel Proust（1871 – 1922），画家のマリー・ローランサン Marie Laurencin（1883 – 1956），歌手のエディット・ピアフ Édith Piaf（1915 – 63）などが有名です．また，3課に登場する夭折作家のレーモン・ラディゲもこの墓地に葬られています．

||| 読解のヒント |||

いくつかの形容詞は，名詞の前に置かれた場合と後に置かれた場合で意味が変わるので注意が必要です．ancien ami（昔の友人）／ami ancien（古くからの友人）；nouvelle voiture（新しく入手した車）／voiture nouvelle（新型車）；brave garçon（真面目な少年／garçon brave（勇敢な少年）

20 » Le cimetière du Père-Lachaise

Il y a d'innombrables lieux à visiter à Paris : la tour Eiffel, le Quartier latin, les Champs-Élysées, le musée du Louvre, etc. Cependant, pour faire une promenade ou une visite touristique, beaucoup de Parisiens et de touristes choisissent d'aller… dans
5　des cimetières.

Paris est une grande ville animée, et pouvoir marcher dans un lieu calme, c'est agréable. La faune et la flore sauvages sont diversifiées dans les cimetières, notamment depuis l'interdiction, en 2022, d'y utiliser des désherbants[1]. On peut y apercevoir des
10　chouettes, des écureuils, des renards, des hérissons…

Également, aller dans les cimetières parisiens, c'est l'occasion de voir des sépultures de célébrités : par exemple, celles de Stendhal et des frères Goncourt au cimetière de Montmartre, celles de Jean-Paul Belmondo et de Georges
15　Wolinski[2] à celui du Montparnasse, lesquels[*16] sont parmi les plus visités de la capitale. Mais le plus connu et le plus grand, c'est celui du Père-Lachaise.

Ces trois cimetières, situés respectivement[3] dans le nord, le sud et l'est de la capitale, existent depuis le début du XIXe siècle[*1].
20　Leur époque de création et leur localisation ne sont pas fortuites.

1) **désherbants**　désherber（herbe を除去する）という動詞の現在分詞から作られた名詞で「除草剤」．herbicide とも言う．
2) **Georges Wolinski**　フランスの風刺漫画家（1934−2015）．風刺雑誌『シャルリ・エブド』 *Charlie Hebdo* の編集長を務めていたが，2015 年 1 月にイスラム過激派による襲撃事件で殺害された．
3) **respectivement**　respectif（それぞれの）という形容詞から作られた副詞．respectueusement（敬意をもって，うやうやしく）と混同しないこと．

En effet, ils ont été créés pour remplacer les anciens cimetières parisiens que l'on a fermés pour des raisons de salubrité publique. Il y en avait des dizaines, et les millions d'ossements qui s'y trouvaient ont été déplacés dans les catacombes de Paris[4] – qui est aujourd'hui un site touristique 25 très populaire.

Parmi les célébrités qui reposent au Père-Lachaise, il y a des musiciens, des chanteurs, des écrivains, des artistes, des scientifiques… Il y a aussi des anonymes.

Au total, il y a soixante-dix mille sépultures dans ce 30 cimetière. Leurs styles artistiques sont très divers. Certaines[*8] ont été réalisées par de grands artistes – Charles Garnier[5] et Hector Guimard[6], par exemple. Plusieurs sont sur la liste des « monuments historiques[7] » : celles de Molière, de La Fontaine, de Chopin… La plus visitée serait celle de Jim Morrison, le 35 chanteur du groupe de rock américain *The Doors*.

On qualifie souvent le cimetière du Père-Lachaise de[8] « musée à ciel ouvert ».

. . . .

4) catacombes de Paris 約600万人の遺骨が納められたパリの地下納骨堂.
5) Charles Garnier フランスの建築家 (1825−98). パリのオペラ座などを設計した.
6) Hector Guimard フランスの建築家 (1867−1942). アール・ヌーヴォーの代表. パリの地下鉄の入口は彼のデザインによる.
7) monuments historiques 文化遺産保護制度に基づいて指定された「歴史的記念物」.
8) qualifie ... de 〈qualifier ～ de ＋無冠詞名詞〉で「～を…と呼ぶ」.

Exercices ≫ _____

I 文中に登場する次の人物の職業を表す名詞を書きなさい.

    (1) Stendhal（   ）   (2) Belmondo（   ）

    (3) Garnier（   ）   (4) Chopin（   ）

II 次の（   ）内に適切な指示代名詞（celui, celle, *etc.*）を入れた上で、各文の意味を言いなさい.

    (1) Voici mon parapluie et voilà（   ）de Georges.

    (2) De toutes ces cravates, quelle est（   ）que tu préfères ?

    (3) Je n'aime pas（   ）qui ne sont pas travailleurs.

III 次の要素を並べ替えて文を作りなさい（文頭に来るものも小文字で始めてあります. 平叙文では文末に point をつけること）.

    (1) Anne et Simone / deux / filles / mes / respectivement / s'appellent

    (2) cette / danseuse / de / d'étoile / on / l'Opéra / qualifie

IV 次のフランス語の文がテキストの内容に一致している場合は○を，一致していない場合は×を ［ ］ 内に記入しなさい.

    (1) Le cimetière de Montmartre où reposent Stendhal et les frères Goncourt est un des plus visités de Paris. ［ ］

    (2) Les dizaines d'anciens cimetières parisiens ont été fermés pour faire des catacombes de Paris un site touristique. ［ ］

    (3) La sépulture de Jim Morrison, la plus visitée du cimetière du Père-Lachaise, est sur la liste des monuments historiques. ［ ］

フランス全土

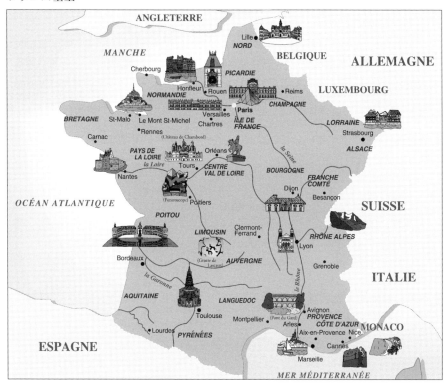

パリ市内

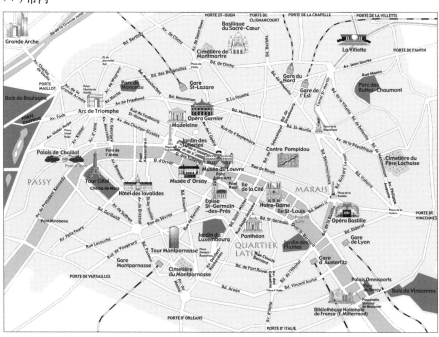

❖ 新しい綴り字について ≫ _____

　フランスの国民教育省が2016年に導入した「新しい綴り字」la nouvelle orthographe にはいくつかの原則がありますが，ここでは学習者にとって特に関係が深いと思われる6つの項目についてその概要を記しておきます．なお，これらはあくまで推奨される綴りであり，従来の綴りも並行して用いられていますので，その点に注意してください．

1 数を表す綴りはすべてトレ・デュニオン trait d'union (-) でつなぐ．

〔例〕

数字	従来の綴り	新しい綴り
21	vingt et un	vingt-et-un
108	cent huit	cent-huit
312	trois cent douze	trois-cent-douze
1061	mille soixante et un	mille-soixante-et-un
2020	deux mille vingt	deux-mille-vingt

2 本来の発音原則と異なるアクサン・テギュ accent aigu をアクサン・グラーヴ accent grave に替える．

〔例〕

意味	従来の綴り	新しい綴り
乳製品店	crémerie	crèmerie
できごと	événement	évènement
規制する	réglementer	règlementer
より好む（単純未来形）	je préférerai	je préfèrerai *

＊ céder, célébrer, inquiéter, répéter などの動詞についても同様．また，条件法現在形についても同様．

3 i と u の上のアクサン・シルコンフレクス accent circonflexe は原則として省略する．

〔例〕

意味	従来の綴り	新しい綴り
8月	août	aout
箱	boîte	boite
夕食（をとる）	dîner	diner
味・趣味	goût	gout
燃やす	brûler	bruler
値段が〜である	coûter	couter
知っている (connaitre・3・単)	il connaît	il connait *
〜の気に入る (plaire・3・単)	il plaît	il plait

＊ naitre, paraitre などの動詞についても同様．また，単純未来形，条件法現在形についても同様．
＊＊ dû, mûr, sûr のように，アクサンを取ってしまうと別の単語と混同される可能性のある場合はそのまま．

4 -gu の後につく e と i の上のトレマ tréma を u の上に移動させる.

〔例〕

意味	従来の綴り	新しい綴り
尖った, 鋭い	aiguë	aigüe
あいまいな	ambiguë	ambigüe
あいまいさ	ambiguïté	ambigüité

5 -eler -eter で終わる動詞の活用形で子音字を重ねるものは, 子音字を重ねずに直前の e にアクサン・グラーヴをつける. 名詞も同様.

〔例〕

意味	従来の綴り	新しい綴り
積み上げる	j'amoncelle	j'amoncèle
更新する	je renouvelle	je renouvèle
更新	renouvellement	renouvèlement

* ただし, 子音字を重ねる綴りが常用化している appeler (呼ぶ), jeter (投げる) などの動詞については従来通り.
    je m'appelle, il jette, etc.

6 変則的な綴りを発音規則に合わせて標準化する. 2 種類の綴りが併用されている単語は標準的な方に統一する.

〔例〕

意味	従来の綴り	新しい綴り
玉ねぎ	oignon	ognon
鍵	clé, clef	clé
スプーン	cuiller, cuillère	cuillère

参考文献：ミシェル・サガズ, 常盤僚子著『フランス語新つづり字ハンドブック』(2018 年, 白水社)

時事フランス語　2023年度版

| 検印省略 | © 2023年 1 月15日　初版発行 |

編著者　　　　　　　石 井 洋 二 郎
　　　　　　　　　ミシェル・サガズ

発行者　　　　　　　小 川 洋 一 郎
発行所　　　　　株式会社 朝 日 出 版 社
　　　101-0065 東京都千代田区西神田3-3-5
　　　　　　　　電話（03）3239-0271・72
　　　　　　　　振替口座　00140-2-46008
　　　　　　　　http://www.asahipress.com
　　　　　　　　　信毎書籍印刷㈱

落丁はお取り替え致します。
ISBN978-4-255-35343-2　C1085